D1734904

Xpert.press

Die Reihe **Xpert.press** vermittelt Professionals
in den Bereichen Softwareentwicklung,
Internettechnologie und IT-Management aktuell
und kompetent relevantes Fachwissen über
Technologien und Produkte zur Entwicklung
und Anwendung moderner Informationstechnologien.

Florian Oelmaier · Jochen Hörtreiter
Andreas Seitz

Apple's iPad im Enterprise-Einsatz

Einsatzmöglichkeiten, Programmierung,
Betrieb und Sicherheit im Unternehmen

 Springer

Florian Oelmaier
Corporate Trust – Business Risk
and Crisis Management GmbH
Graf-zu-Castell-Straße 1
81829 München
Deutschland
oelmaier@corporate-trust.de

Jochen Hörtreiter
msg systems ag
Applied Technology Research
Robert-Bürkle-Straße 1
85737 Ismaning
Deutschland
jochen.hoertreiter@msg-systems.com

Andreas Seitz
msg systems ag
Automotive
Pascalstraße 4
85057 Ingolstadt
Deutschland
andreas.seitz@msg-systems.com

ISSN 1439-5428
ISBN 978-3-642-15436-2   e-ISBN 978-3-642-15437-9
DOI 10.1007/978-3-642-15437-9
Springer Heidelberg Dordrecht London New York

Die Deutsche Nationalbibliothek verzeichnet diese Publikation in der Deutschen Nationalbibliografie; detaillierte bibliografische Daten sind im Internet über http://dnb.d-nb.de abrufbar.

Einbandentwurf: KuenkelLopka, Heidelberg

Gedruckt auf säurefreiem Papier

Springer ist Teil der Fachverlagsgruppe Springer Science+Business Media (www.springer.com)

Geleitwort

Neben der Sicherstellung effizienter Serviceprozesse im Unternehmen ist es nicht nur die Aufgabe der IT, innovative Lösungen bereitzustellen, sondern diese auch technologisch voranzutreiben.

Gerade die sich derzeit entwickelnde neue Art von Endgeräten hat hierbei ein enormes Innovationspotential. Das iPad als Wegbereiter steht für eine neue Art von Front-End-Technologie, der mit Android, Windows Phone 7, Blackberry, Symbian und Co weitere mobile Betriebssysteme folgen werden. Bei allen gemeinsam werden der Benutzer und eine intuitive Handhabung in den Mittelpunkt der Technologie rücken. Private und geschäftliche Nutzung werden somit immer mehr verschmelzen.

Gerade die iPads haben eine hohe Akzeptanz durch die weit verbreitete private Nutzung. Zum anderen bieten die einfache Handhabung und ein ansprechendes Design neue Möglichkeiten auch im Unternehmensumfeld. Der Einsatz von mobilen Front-End-Geräten kann hier vor allem für die „Informationen konsumierenden" Unternehmensbereiche, also die Arbeitsgebiete, die vorwiegend Informationen abrufen müssen, eine Flexibilisierung und Effizienzsteigerung bedeuten. Ich denke hier vor allem an Applikationen im operativen mobilen Umfeld wie Vertrieb, Produktion, Lieferantenbetreuung aber auch an generelle Anwendungen im Umfeld von Management-Kennzahlen.

Bei aller Mobilität ist es aber aus unternehmerischer Sicht von elementarer Wichtigkeit, dass in diesem gesamten Umfeld von iPad, Apps und Usability die Anforderungen an IT-Sicherheit, Datenschutz und eine sinnvolle Einbindung in die definierten Serviceprozesse erfüllt werden. Dabei geht es nicht nur darum, eine hundertprozentige technologische Integration zu ermöglichen, sondern auch über organisatorische Regelungen und Richtlinien eine richtige und innovative Nutzung zu ermöglichen.

Die große Herausforderung für die IT-Bereiche der Unternehmen, deren IT-Partner und die Hersteller der neuen Generation von Front-End-Geräten wird es sein, das sich entwickelnde Innovationspotential auszuschöpfen, ohne mit überhöhten technologischen Restriktionen die gerade erworbene Akzeptanz schlicht weg zu boykottieren.

Klaus Straub, CIO Audi AG

Einleitung: PCs werden wie Lastwagen sein

Als wir eine Agrarnation waren, waren alle unsere Autos Lastwagen, weil wir die für die Arbeit auf unseren Bauernhöfen brauchten. PKWs wurden mit den Städten populärer und Dinge wie Servolenkungen und Automatikgetriebe wurden interessant. [...] PCs werden wie Lastwagen sein. Sie werden noch immer da sein. Und trotzdem werden sie nur noch von einem von x Leuten gebraucht werden. [...] Diese Veränderung wird viele PC-Veteranen unruhig machen, der PC hat uns immerhin eine lange Zeit begleitet.[1]
(Steve Jobs, 7.6.2010 im Interview auf der „All things digital"-Konferenz)

Der Blogger Mark Allelein formuliert das Problem etwas anders:

Gehen wir hinaus auf den Marktplatz und fragen 10 Menschen, was ein USB-Port ist - vielleicht wissen es [drei Personen]. Fragen wir nach der RAM-Größe in Ihren PCs zu Hause, vielleicht weiß es noch einer oder zwei. Fragen wir nach SSD-Festplatten müssen wir schon Glück haben! [...] [Die Mehrheit der Nutzer ärgert] sich tagaus tagein mit Ihrem PC daheim oder im Büro, der sie – dieselben Nutzer, die nicht wissen, was ein USB-Port ist! – allen Ernstes fragt, ob ihr Virenscanner die Datei WINLOGON.DLL im SYSTEM32-Verzeichnis löschen, oder nur in [Quarantäne] verschieben soll!!![2]

Das iPad verspricht, die „neue Art" Computer zu sein. In diesem Buch beschäftigen sich die Autoren mit der Frage, welche Auswirkungen der Trend „iPad", den die Verkaufszahlen so deutlich bestätigen, auf die interne IT und die Geschäftsapplikationen in Unternehmen haben wird. Umfassend werden dabei kritische Themen wie IT-Sicherheit, Unternehmensbebauung und Softwarearchitektur, Betriebsaspekte, die notwendigen Softwaremodernisierungen und deren Auswirkungen auf den Entwicklungsprozess sowie die Kontrolle von Apple über die Geräte beleuchtet. Diese Betrachtungen basieren auf den praktischen Erfahrungen aus der Umsetzung erster Anwendungsfälle mit dem iPad im Unternehmenseinsatz.

Als Fazit lässt sich bereits heute sagen: Die Art, wie Apple mit dem iPad den Benutzer in das Zentrum des Software- und Hardwaredesigns rückt, wird

---

[1] http://kara.allthingsd.com/20100607/full-d8-video-apple-ceo-steve-jobs/, *Minute 44:12 (zuletzt abgerufen am 7.8.2010, eigene Übersetzung).*

[2] http://applekuchen.wordpress.com/2010/01/31/das-iPad-das-ende-der-oldtimer/ *(zuletzt abgerufen am 7.8.2010).*

sich im Privatkundenmarkt durchsetzen. Damit werden automatisch auch die Anforderungen der Computerbenutzer in den Unternehmen steigen. Die firmeninterne IT muss diesem Trend folgen, um nicht als „rückständig" und „altmodisch" in Verruf zu kommen. Dies ist nicht wirklich schwer, da die Integration des iPad in Prozesse, Organisation und IT-Infrastruktur eines Unternehmens an vielen Stellen leichter als erwartet ist.

Lesehinweise

Die Kapitel „Motivation" und „Anwendungsfälle des iPad" bieten einen generellen Überblick über das Thema und zeigen auf, warum auch im geschäftlichen Kontext einer Unternehmens-IT eine Betrachtung des iPad relevant ist.

Das Kapitel „Bedienphilosophie" widmet sich der Eigenschaft, die das iPad so revolutionär macht, und richtet sich an alle, die in Projekten mit dem Benutzerinterface zu tun haben.

Die Kapitel „Hardware und Software des iPad", „Einbindung des iPad in die IT-Infrastruktur" und „Apps, HTML5, Virtualisierung und Apple's Kontrolle" richten sich an alle, die mit technisch geprägten Entscheidungen zu tun haben, sowie an die entsprechenden Betriebs- und IT-Infrastrukturfunktionen.

Beginnend mit dem Kapitel „Apps, HTML5, Virtualisierung und Apple's Kontrolle" zeigen die Kapitel „Entwicklungsprozess – Anforderungsanalyse", „Entwicklungsprozess - Design" und „Entwicklungsprozess - Implementierung" auf, was sich in den einzelnen Phasen und Fachgebieten eines Software-Entwicklungsprozesses ändern muss, und richten sich damit vorrangig an Entwickler, Architekten und Projektleiter.

Das Kapitel „Sicherheit" analysiert Angriffspfade und Bedrohungen, die das iPad für die Informationen eines Unternehmens mit sich bringt, und beschreibt den sicheren Einsatz der neuen Technologie.

Die Kapitel „Wirtschaftlichkeit", „Einsatzmöglichkeiten für das iPad" und „Konkurrenz und Ausblick" zeigen die Rahmenbedingungen und die Grenzen für einen erfolgreichen Einsatz des iPad im Unternehmen auf. Anhand von wirtschaftlichen Überlegungen und einem Ausblick auf künftige Geräte wird der iPad-Einsatz kritisch beleuchtet und analysiert, an welchen Stellen ein Einsatz Sinn macht.

Inhalt

Motivation

Binnen 28 Tagen wurde das iPad in den USA eine Million Mal verkauft,[1] binnen 60 Tagen wurden zwei Millionen Geräte abgesetzt, binnen 80 Tagen drei Millionen. Die USA haben etwa 106 Millionen Haushalte.[2] Damit hat mindestens jeder fünf-unddreißigste Haushalt ein iPad gekauft. Das iPad ist mit einem Preis zwischen 499 Dollar und 829 Dollar im Preissegment von Mittelklasse-Laptops angesiedelt.[3] Davon ausgehend, dass die Haushalte, die ein iPad gekauft haben, bereits einen Computer besitzen, erwarten die Käufer vom iPad offensichtlich einen Nutzen, der über den eines Notebooks oder Netbooks hinausgeht.

Gründe für den Verkaufserfolg des iPad

Folgende Gründe werden für den Kauf eines iPad in der Presse immer wieder genannt, auch wenn diese sicherlich für unterschiedliche Käufer unterschiedlich wichtig sind.

Mobilität: Das iPad kann – ähnlich einem Schreibblock – leicht mitgenommen werden und ist für die meisten Tätigkeiten ausreichend, für die man einen Computer braucht.

Intuitive Bedienung: Durch den Multi-Touchscreen und die Bedienung mit Fingergesten ist der Umgang mit virtuellen Dokumenten und Informationen sehr stark an die Realität angelehnt.

Kein Fachwissen notwendig: Das für einen PC oft notwendige Fachwissen rund um die Installation von Programmen, unterschiedliche Dateitypen, Verknüpfungen, Registry-Einträge, etc. ist für die Nutzung des iPad nicht erforderlich.

---

[1] http://www.heise.de/newsticker/meldung/iPad-eine-Million-Mal-verkauft-992148.html, (zuletzt abgerufen am 7.8.2010)

[2] Bei der letzten Volkszählung aus dem Jahr 2000. http://usa.usembassy.de/gesellschaft-demographics.htm (zuletzt abgerufen am 7.8.2010).

[3] Die Preise für das iPad in Deutschland liegen zwischen 499 Euro und 799 Euro.

F. Oelmaier et al., *Apple's iPad im Enterprise-Einsatz*, Xpert.press,
DOI 10.1007/978-3-642-15437-9_1, © Springer-Verlag Berlin Heidelberg 2011

Zukunftstechnologie: Das iPad scheint die Marketingversprechen der IT-Industrie der letzten 20 Jahre einzulösen – von „Information at your Fingertips",[4] „Ubiquitous / pervasive computing"[5] bis zum Gründungsmotto von Google, „organize the world's information and make it universally accessible and useful."[6]

Lifestyle und Luxus: Bedingt durch die edle Verarbeitung und den Hype um das Gerät wird das iPad aus Imagegründen gekauft.

Revolution iPad?

Das iPad ist bei den Benutzern unterschiedlich aufgenommen worden: Es war die Rede vom zu großen iPhone und vom Computer der Zukunft. In allen Kommentaren war aber auch ein Stück Verunsicherung zu spüren, da jedem Autor klar ist, dass jeglicher Vergleich mit bisher bekannten Geräten hinkt. Das iPad ist kein Smartphone, dafür bietet der große Bildschirm zu viele Möglichkeiten. Das iPad ist aber auch kein Notebook oder Netbook, dafür ist es „zu wenig Computer".

Apple hat mit dem iPad mit vielen bekannten und als gesetzt geltenden Regeln der Computerbranche gebrochen.

- Das iPad glänzt nicht durch Schnittstellenvielfalt.
- Es gibt keine einheitlichen Oberflächenelemente über alle Anwendungen hinweg, keine Menüs, keine Scrollbalken.
- Für das iPad gibt es viele billige kleine Programme, anstatt einzelner großer Pakete.
- Es gibt keine für den Benutzer sichtbaren Dateien und kein Dateisystem mehr, nur noch E-Mails, Briefe, Notizen, Musik, etc.
- Es gibt kein generelles Multitasking. Für den Benutzer ist immer eine Applikation im Vordergrund, alle anderen sind pausiert.
- Es gibt keine Fenster. Eine Applikation belegt immer den ganzen Bildschirm.

Jede dieser Entscheidungen ist an sich eine mutige Entscheidung, die der bisherigen Entwicklung der Computerindustrie widerspricht. Das iPad ist, um eine Analogie zu gebrauchen, ein vollverkleidetes, wartungsarmes und einfach bedienbares Auto in Zeiten, wo noch getunte Motoren auf Holzrahmen gespannt wurden und mit Holzrädern durch die Gegend fuhren. Der Fahrer eines solchen altmodischen Vehikels musste alles machen, alles können und über viel Spezialwissen verfügen.

---

[4] Bill Gates im Jahr 1990. Hinter der Marketingphrase stand damals der Gedanke, Informationen nützlich aufbereiten und darstellen zu können, d.h. den PC als Multimedia-Gerät zu nutzen.

[5] http://en.wikipedia.org/wiki/Ubiquitous_computing (zuletzt abgerufen am 7.8.2010).

[6] http://www.google.com/corporate/facts.html (zuletzt abgerufen am 7.8.2010).

Ein moderner Autofahrer muss nicht mehr wissen, wie ein Motor funktioniert.[7] Der Erfolg gibt Apple mit seinen Entscheidungen Recht und macht das iPad damit zu einer Revolution für die IT.

Unternehmenseinsatz des iPad

Durch den Verkaufserfolg entwickelt sich selbstverständlich eine Industrie rund um das iPad. Angefangen von den Zubehörentwicklern über die Programmierer von Applikationen („Apps") bis hin zu den notwendigen Anpassungsarbeiten durch die Webdesigner, Film- und Musikproduzenten. Dementsprechend sind innerhalb von 80 Tagen 11 000 iPad-Apps erschienen. Aus Marketing- und Vertriebssicht kann es sinnvoll sein, dass auch Versicherungen, Banken, Autohersteller und andere Unternehmen Applikationen entwickeln. Obwohl sehr interessant, wird dieser Aspekt im vorliegenden Text jedoch nicht weiter beleuchtet; geeignete Literatur dazu ist am Markt ausreichend vorhanden und wird im Anhang „Buchreferenzen" vorgestellt. Im diesem Buch geht es nicht um die Applikationen, die ein Unternehmen seinen Kunden zur Verfügung stellt, sondern um die IT, die eine Firma den eigenen Mitarbeitern zur Erledigung der täglichen Arbeit bereitstellt.

Im diesem Unternehmenskontext wird das iPad oft als Spielzeug betrachtet und ein Einsatz nicht weiter geprüft. Dies erinnert stark an die Diskussionen rund um das Betriebssystem Windows in den Jahren 1990 bis 1996. Trotz großen Erfolgs bei den Privatnutzern wurde damals das Betriebssystem für den Unternehmenseinsatz oft als untauglich eingestuft (im Vergleich zu IBMs OS/2 und den noch weit verbreiteten Host-Terminals) – heute hat fast jedes Unternehmen Windows im Einsatz. Dieses Beispiel zeigt den Beginn eines Trends auf. Während früher technologische Innovationen als Erstes in den Rechenzentren der Unternehmen eingesetzt wurden, finden sie heute immer häufiger zunächst den Weg in den Privatkundenmarkt und werden erst später von Firmen übernommen.[8] Es lohnt sich daher sehr wohl, die Entwicklung des Privatkundenmarkts aufmerksam zu beobachten und zu versuchen, die dort stattfindenden Innovationen für den Unternehmenskontext zu adaptieren.

iPad: kurzfristiger Hype oder langfristige Innovation?

Bis vor 30 Jahren wurden Programme in Lochkarten gestanzt und raum- bzw. schrankgroßen Rechneranlagen zur Bearbeitung übergeben. Die Ausgabe erfolgte per Drucker, Interaktivität mit dem Benutzer war so gut wie nicht vorhanden.

---

[7] Vergleiche auch http://applekuchen.wordpress.com/2010/01/31/das-iPad-das-ende-der-oldtimer/ (zuletzt abgerufen am 11.8.2010).

[8] Vgl. auch Ray Ozzie, CTO Microsoft, in einem Analystenmeeting 2007. http://www.microsoft.com/msft/speech/FY07/QAFAM2007_2.mspx, dritte Frage von Marcus Bowman von Gartner (zuletzt abgerufen am 7.8.2010).

Mit dem Siegeszug der PCs wurde dem Benutzer auch die Möglichkeit zur Interaktion per Kommandozeile eröffnet. In den 90er-Jahren wurden grafische Benutzeroberflächen populär. Seit etwa zehn Jahren lösen Notebooks sukzessive die größeren PC-Formate ab.

Es ist durchaus möglich, dass das iPad nur ein kurzfristiger Hype ist. Betrachtet man die Historie der Computertechnik, so entwickelt sich die Technologie immer weiter in Richtung maximaler Integration in den Alltag der Menschen. Im Sinne dieses Trends scheint das iPad die logische Fortsetzung einer Technologiereihe zu sein, die sich vom Großrechner über PCs und Notebooks bis hin zu einem eleganten Tablet-Computer entwickelt hat, dessen Oberfläche man mit Fingergesten steuern kann. Dazu kommt, dass die Benutzeroberfläche des iPad ihren Praxistest im iPhone bereits bestanden hat. Bis 2007 galt die allgemeine Einschätzung, ein Telefon ohne Tasten fände beim Großteil der Benutzer keine Akzeptanz. Mittlerweile ist die Bedienung per Touchscreen im Smartphone-Markt üblich, und die daraufhin optimierte Oberfläche des iPhone gilt als Referenz.

Betrachtet man die kurz- und langfristige Historie der Entwicklungen, besteht eine sehr große Wahrscheinlichkeit, dass das iPad die Geräteklasse der Zukunft begründet. Das iPad ist daher als „Game Changer" auch für die Art, wie die eigenen Mitarbeiter mit der Unternehmens-IT arbeiten, prädestiniert.

Erfolgsfaktoren für den iPad Einsatz im Unternehmen

Natürlich ist es für junge innovative Startup-Unternehmen leicht, neue Technologien wie das iPad in der Firma zu initiieren. Wie bei allen neuen IT-Technologien steigen die Kosten und Probleme einer iPad-Einführung mit der Anzahl der Benutzer und der fortschreitenden Komplexität der bestehenden IT-Infrastruktur. Diese Problematik kann ein guter Grund sein, auf eine Einführung des iPad im eigenen Unternehmen zu verzichten – sie sollte jedoch kein Grund sein, die Einführung dieser Technologie nicht zu prüfen. Dabei darf das iPad nicht auf das Gerät als solches reduziert werden, denn dieses liefert an sich keinen Zusatznutzen im Vergleich zu einem herkömmlichen Tablet-PC mit Touchscreen. Das vorliegende Buch enthält eine umfassende Betrachtung, wie man die Bedienphilosophie von Apple in Verbindung mit dem Gerät iPad auf die Unternehmensrealität übertragen kann. Folgende Thesen bilden dafür die Grundlage.

These 1: Während 80 Prozent der Zeit, die Mitarbeiter eines Unternehmens am Computer verbringen, nutzen diese nur 20 Prozent der Funktionalität der zur Verfügung gestellten Software.

These 2: Wenn man die Usability dieser 20 Prozent der Funktionalität optimiert und damit eine intuitive Bedienung ermöglicht, und zusätzlich den Mitarbeitern die Möglichkeit gibt, diese 20 Prozent der Funktionalität völlig ortsunabhängig zu nutzen, steigt die Produktivität der Mitarbeiter signifikant an.

Diese gesteigerte Produktivität lässt sich auf drei Faktoren zurückführen.

1. Bessere Nutzung der zur Verfügung stehenden Zeit durch mobiles Arbeiten: Die Informationen werden bei Aufgaben, die nicht am Schreibtisch anfallen, direkt am Ort des Geschehens verarbeitet.
2. Höhere Motivation bei der Arbeit durch angenehme Benutzerführung und weniger „technische Computerprobleme".
3. Geringere Fehlerquote durch intuitive Bedienung.

These 3: Der frühe Einsatz des iPad im Unternehmen sendet zwei Signale an die Mitarbeiter und indirekt auch an die Kunden: „Wir sind innovativ" und „Die Benutzer/Mitarbeiter stehen bei uns im Mittelpunkt".

Anwendungsfälle des iPad

Für den Leser ist es sinnvoll, eine eigene Idee für einen geschäftlichen Anwendungsfall im Hinterkopf zu haben. Im Laufe der Lektüre der nächsten Kapitel wird diese Idee reifen. Zudem wäre es hilfreich, wenn bereits erste Erfahrungen mit der Touch-Oberfläche der Apple Geräte (iPhone oder iPad) vorhanden wären. Dies ist zwar keine Voraussetzung, fördert aber das Verständnis der folgenden Erklärungen.

Im Rahmen von Technologiedemos und ersten technischen Prototypen haben die Autoren verschiedene geschäftliche Anwendungsfälle auf dem iPad implementiert. Auf diesen Anwendungsfällen basiert der Inhalt dieses Buchs. Dabei ist der Anwendungsfall „Qualitätskontrolle eines Lieferanten" am weitesten fortgeschritten und die Basis für die meisten Beispiele und Screenshots.

Qualitätskontrolle eines Lieferanten

Ein produzierendes Unternehmen bezieht Teile für eine neue Produktlinie von Lieferanten. Um sich von der Qualität und Lieferfähigkeit der Lieferanten zu überzeugen beschäftigt das Unternehmen Mitarbeiter, die eine Kontrollen vor Serienstart durchführen. Diese Mitarbeiter sind mit iPads ausgestattet. Nach dem Login können sie in einem Menü zwischen zwei Anwendungsfällen wählen: der Durchführung einer Prüfung vor Ort beim Lieferanten („Audit 2-Tagesproduktion") oder die Prüfung von Kennzahlen aller Lieferanten, um die Serienreife beurteilen zu können (siehe Abb. 1). In dieser Auswahl wird zusätzlich eine anwendungsübergreifend gepflegte Aufgabenliste für den Benutzer angezeigt. Ein Klick auf diese Liste fungiert als Shortcut und öffnet die mit dieser Aufgabe verbundene Anwendung an der richtigen Stelle.

Wird der Anwendungsfall „Audit 2-Tagesproduktion" gewählt, muss der Benutzer einen Lieferanten auswählen. Statt einer Texteingabe (die im Suchfeld weiterhin möglich ist) kann ein Mitarbeiter über drei Klicks einen Lieferanten identifizieren: Auswahl des Lieferantentyps (welche Art Teile liefert dieser Lieferant), Auswahl der Lokation (wo befindet sich das Werk des Lieferanten) und Auswahl aus einer Liste (siehe Abb. 2).

F. Oelmaier et al., *Apple's iPad im Enterprise-Einsatz*, Xpert.press, DOI 10.1007/978-3-642-15437-9_2, © Springer-Verlag Berlin Heidelberg 2011

Abb. 1   Auswahl eines Anwendungsfalls

Abb. 2   Auswahl eines Lieferanten in drei Schritten

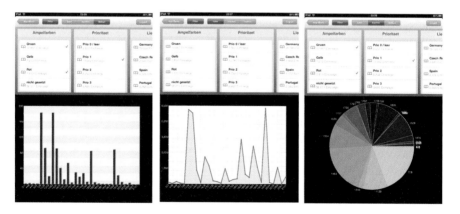

Abb. 3   Verschiedene Diagramme mit Filtermöglichkeiten

Im letzten Schritt dieses Anwendungsfalls kann der Auditor seine Prüfergebnisse eintragen. In einem zweiten Anwendungsfall kann der Benutzer die bisher eingegangenen Prüfergebnisse schnell und einfach in Form von Diagrammen mit Filtermöglichkeiten prüfen (siehe Abb. 3).

Schadensabwicklung einer Versicherung

Ein Kunde eines Versicherungskonzerns hat in seinem Einfamilienhaus einen Wasserschaden. Dieser äußert sich durch einen Fleck an der Decke des Erdgeschosses. Der Kunde meldet diese Beobachtung seiner Wohngebäudeversicherung, indem er die ihm genannte Hotline für Schadensmeldungen wählt. Der Mitarbeiter im Callcenter (outgesourced, kein Callcenter der Versicherung) erfasst die persönlichen Daten des Geschädigten sowie eine grobe Beschreibung des mutmaßlichen Schadens. Die Daten aus dem Callcenter werden der Versicherung weitergeleitet. Dies ist der Anstoß für den internen Workflow zur Schadensregulierung. Anhand der Daten aus dem Callcenter wird der zuständige Mitarbeiter für die Schadensregulierung über das ERP-System der Versicherung informiert. Der Mitarbeiter nimmt Kontakt mit dem Kunden auf und vereinbart einen Besichtigungstermin. Ab diesem Prozessschritt erfolgt die weitere Bearbeitung mobil, d.h. im Außendienst setzt der Schadensbearbeiter das iPad ein. Aus dem Datensatz des Callcenters, der zwischenzeitlich durch die versicherungsinternen Daten angereichert wurde, kann der Mitarbeiter die Adresse entnehmen – die Navigation zum Wohnort erfolgt über das iPad.

Ist der Mitarbeiter vor Ort, knüpft er an den Workflow an, der im Büro gestartet wurde, und vervollständigt die Daten. Neben der Datenerfassung sieht der Schadensmitarbeiter, welche Schäden durch den Versicherungsvertrag abgedeckt sind und kann nach der ersten Grobsichtung bestätigen, dass die Versicherung den Schaden abdeckt oder feststellen, dass das Schadensbild nicht abgedeckt ist. Weiter ist ersichtlich, ob der Kunde auch eine Hausratversicherung abgeschlossen hat. Ist der Schaden abgedeckt, kann der Mitarbeiter auf dem iPad auswählen, welche Firmen im Umkreis zur Regulierung des Schadens eine Vereinbarung mit dem Versicherungskonzern haben. Im ersten Schritt muss das Leck genau geortet werden, d.h. der Schadensbearbeiter wählt aus der Kategorie „Leckortung und Bautrocknung" die Firma aus, die den kürzesten Anfahrtsweg hat. Diese Daten werden dem Mitarbeiter auf einer Karte mit roten Punkten dargestellt, wobei die Punkte den Standort der jeweiligen Firmen wiederspiegeln. Dreht der Mitarbeiter das iPad in das Querformat, werden die Standorte der Firmen angezeigt, die keinen Vertrag mit der Versicherung bezüglich der Beauftragung von Schadensregulierungen haben.

Über einen Touch auf den Standort der Firma (roter Punkt) schickt er über das iPad eine SMS mit Adressdaten und der Schadensnummer des Geschädigten an die Hotline-Nummer. Die Kontaktdaten sind ebenfalls auf der Karte hinterlegt. Somit ist die Firma mit der Ortung und ggf. notwendigen Trocknung beauftragt.

Im zweiten Schritt wird nach dem gleichen Verfahren eine Sanitärfirma beauftragt. Weiter wird beiden Firmen ein Termin eingestellt, bei dem der Schadensmitarbeiter der Versicherung, der Fachmann für die Leckortung sowie der Installateur gemeinsam vor Ort sind, um die weiteren Maßnahmen zu besprechen und abzustimmen. Da die Trocknung des Wasserschadens über Geräte mit hohem Stromverbrauch erfolgt, kann der Schadensbearbeiter dem Stromlieferanten im Auftrag des Kunden eine E-Mail schicken, damit der zu erwartende Mehrverbrauch nicht automatisch zu einer höheren Abschlagszahlung für die Stromkosten in den Folgemonaten führt. Der Datensatz des Versicherungsfalles ist somit ergänzt und der Workflow automatisch vor Ort beim Kunden in den Status „Behebung des Schadens" weitergeschaltet worden. Im gleichen Schritt wurde das Konto des Versicherungsnehmers mit der Selbstbeteiligung belastet. Der Workflow zur Schadensregulierung ist folglich ortsunabhängig durchlaufen, die Erfassung von Daten reduziert und die Prozesszeit verkürzt worden.

Ärztlicher Krankenbesuch

Im Gesundheitswesen kann das iPad Ärzte bei ihrer Arbeit unterstützen. Ein Hausarzt, der zu einem Krankenbesuch fährt, braucht nicht vorher die Behandlungsdaten des Patienten heraussuchen. Nachdem der Arzt beim Patienten eintrifft oder noch auf dem Weg vom Auto zu dessen Wohnung ist, verbindet er sich über das iPad mit der Praxis und identifiziert die richtige Patientenakte. Dabei hilft ihm das iPad durch die Standortbestimmung, sodass der Arzt nur aus einer kleinen Liste von Patienten des aktuellen Standorts den richtigen auswählen muss. Mit nur zwei Fingergesten ist die Patientenakte geladen. Über diese Akte kann der Arzt alle vergangenen Behandlungen, verschriebenen Medikamente und Unterlagen einsehen, die ihm beim aktuellen Einsatz nützlich sein können. Durch eine Stichwortsuche können am iPad Krankheitssymptome in einer Datenbank nachgeschlagen und mögliche Behandlungen vorgeschlagen werden.

Der Arzt hat außerdem direkten Zugriff auf alle aktuellen medizinischen Nachschlagewerke und auf die Rote Liste der Arzneimittel. Über eine weitere Funktion der Applikation können alle umliegenden Apotheken in einer Umgebungskarte angezeigt werden. Der Arzt ist mit Unterstützung des iPad somit in der Lage schnell und einfach die richtigen Entscheidungen zu treffen und zum Wohle des Patienten zu handeln.

Aufklärung im Rahmen von Personenschutzaufträgen

Zur Aufklärung im Bereich des Personenschutzes werden – teilweise von mehreren Schützern – verdächtige Vorkommnisse in der Umgebung und auf den typischen Wegen der Schutzpersonen erfasst. Diese Erfassung erfolgt mittels iPads. Automatisch werden zu jeder Erfassung die GPS-Position und die Uhrzeit notiert.

Bilder einer Digitalkamera (mit eigenem GPS-Sensor) werden zusätzlich ins iPad geladen und mit den Vorkommnissen verknüpft. Diese Erfassung kann offline geschehen und wird erst bei erneuter Verfügbarkeit einer Mobilfunkverbindung mit dem Server synchronisiert.

Die Beschreibung von verdächtigen Personen und Fahrzeugen erfolgt anhand von Schiebereglern für Gewicht, Größe, Alter und andere skalare Werte sowie mittels Touchfeldern für Geschlecht, Bart und ähnliche binäre Angaben. Auf Basis dieser Eingaben wird sofort eine Liste ähnlicher früherer Beobachtungen erzeugt. Der Schützer hat somit die Möglichkeit, sofort auf Erkenntnisse anderer Schützer bzw. frühere Erkenntnisse zu reagieren. Bei Schichtende werden die gesammelten Daten analysiert, diskutiert und die Aufklärungsrouten für die nächsten Schichten entsprechend angepasst.

Bedienphilosophie

Im Jahr 2001 stellte Microsoft-Chef Bill Gates in seiner Keynote auf der „COMDEX Fall" einen Tablet-PC vor und sagte vorher, dass dieses Format binnen fünf Jahren die populärste Form eines PCs sein würde.[1] Diese Vorhersage trat erst mit vier Jahren Verspätung ein und nicht die „Windows Tablet PC Edition", sondern der iPad von Apple brachte den Durchbruch. Der Grund dafür ist, dass das iPad in einer Kombination von Hardwareeigenschaften und Bedienphilosophie der installierten Software ein neues Benutzererlebnis schafft. Die Anwender wollten kein „kleines Windows mit Stiftfunktionen", sondern etwas Neues, Einfaches.

Machen Sie nicht denselben Fehler wie Microsoft!

Es reicht nicht aus, alten Wein in neue Schläuche zu füllen. Die Einführung des iPad im Unternehmen wird nur dann gelingen, wenn die Anwender einen wirklichen Mehrwert sehen. Dieser Mehrwert kommt aber nicht allein durch die Hardware zustande. Der erste Anwendungsfall, die erste Demonstration, der erste Eindruck von Anwendern und Entscheidungsträgern sind ausschlaggebend. Daher darf für diesen ersten Eindruck auf keinen Fall einfach eine weitgehend unveränderte Version einer bestehenden Software verwendet werden.

Mehrwert Usability

Es ist notwendig, dass die Software, die auf dem iPad läuft, innovativ ist. Selbstverständlich läuft fast jede Webanwendung auch auf dem iPad. Und natürlich kann man durch Vergrößern der Schaltflächen und Optimierung der Auflösung die Bedienung einer Webanwendung mit dem iPad erleichtern. Man sollte aber nicht überrascht sein, wenn die Anwender davon nicht besonders beeindruckt sind. Immerhin haben die Benutzer ein Gerät in der Hand, dessen Software von einem

---

[1] http://www.microsoft.com/presspass/press/2001/nov01/11-11comdex2001keynotepr.mspx (zuletzt abgerufen am 8.8.2010).

F. Oelmaier et al., *Apple's iPad im Enterprise-Einsatz*, Xpert.press, DOI 10.1007/978-3-642-15437-9_3, © Springer-Verlag Berlin Heidelberg 2011

Hersteller kommt, für die Benutzerorientierung und -komfort schon immer an erster
Stelle stehen. Für eine erfolgreiche Einführung im Unternehmen ist es notwendig,
dass ein Großteil der Software, die die Mitarbeiter eines Unternehmens auf dem
iPad verwenden sollen, in Sachen Komfort mit den Apple-Programmen vergleichbar
ist. Hier ist im Unternehmenseinsatz oft noch Überzeugungsarbeit zu leisten, wird
Usability doch oft als Spielerei abgetan. Die häufig gebrauchte Argumentation ist,
dass sich – im Gegensatz zum Privatleben – in einem Unternehmen die Menschen
an die Arbeitsgeräte anpassen müssen und nicht umgekehrt.

Die europäische Maschinenrichtlinie 98/37 EG (MRL)[2] fordert vom Maschinen-
hersteller, dass Belästigung, Ermüdung und psychische Belastungen der Maschinen-
bediener unter Berücksichtigung ergonomischer Prinzipien bereits bei der
Konzeption der Maschine auf ein Minimum zu reduzieren sind. In diesem Bereich
ist der Maschinenbau, bei dem Ergonomie an der Universität gelehrt wird, der IT
weit voraus: In vielen Unternehmen wird Software eingesetzt, die die oben genannten Schutzziele bei Weitem nicht erreicht. Dies liegt hauptsächlich daran, dass
im Gegensatz zum Maschinenbau eine unmittelbare Gesundheitsgefährdung etwa
durch Verletzungsgefahr durch ergonomisch schlechte Gestaltung einer Software
praktisch ausgeschlossen ist. Ergonomie hat jedoch drei Zielsetzungen:

- Humanität: Gestaltung beeinträchtigungsfreier und gesundheitlich unbedenkli-
  cher Arbeitsbedingungen
- Produktivität: Erhöhung von Qualität und Rentabilität
- Motivation und Zufriedenheit: Eingehen auf das Anspruchsniveau der
  Beschäftigten

Ein gut bedienbarer Softwarearbeitsplatz hat etliche Vorteile für ein
Unternehmen:

- Die Leistungsfähigkeit der Mitarbeiter bei der Softwarebedienung nimmt zu.
- Die Fehlerquote bei der Softwarebedienung sinkt.
- Die Qualität der Ergebnisse steigt.
- Der Trainings- und Ausbildungsaufwand sinkt.
- Die Software kann länger im Einsatz bleiben, die Softwarelebensdauer steigt.
- Die Supportkosten der Software sinken.
- Die Marktchancen und das Image des Unternehmens steigen.

Um dieses Nutzenpotenzial durch die Einführung des iPad wirklich auszuschöpfen ist es notwendig, eine gut bedienbare und leistungsfähige Benutzeroberfläche
auf dem iPad zu implementieren. Dazu muss man zuerst die Charakteristik des iPads
verstehen.

---

[2] Anhang I Nr. 1.1.2d.

iPad-Charakteristika

Die „Geräteklasse" iPad zeichnet sich durch einige radikale Neuerungen aus[3]:

- Es gibt weder eine Standardorientierung (Hoch- oder Querformat) des Geräts, noch eine vom Benutzer erwartete.
- Während des Programmablaufs kann das Gerät vom Benutzer gedreht werden.
- Es gibt nur minimale und unauffällige kontextbezogene Benutzerhilfe am Bildschirm.
- Applikationen reagieren auf Gesten, nicht auf Mausklicks.
- Nur eine Applikation läuft zu einer Zeit,[4] d.h. es gibt kein vom Benutzer wahrgenommenes Multitasking.[5]
- Applikationen können schnell beendet werden und starten typischerweise wieder an der gleichen Stelle, wo sie verlassen wurden.
- Alle Einstellungen für sämtliche Applikationen werden an einer Stelle getätigt, damit der Eindruck des „Geräts aus einem Guss" erhalten bleibt.

Das wichtigste und augenfälligste Merkmal eines iPad ist jedoch die Benutzeroberfläche. Unter Berücksichtigung der eben genannten Charakteristika implementiert Apple eine Oberfläche basierend auf folgendem Credo:

> Ein gutes Benutzerinterface folgt Designprinzipien, die auf der Art basieren, wie Menschen – Benutzer – denken und arbeiten, und nicht auf den Fähigkeiten der Hardware. Ein unattraktives, überladenes oder unlogisches Benutzerinterface kann selbst die Bedienung der besten Applikation zur lästigen Pflichtarbeit machen. Ein hübsches, intuitives und ansprechendes Benutzerinterface wertet die Funktionalität der Applikation auf und generiert eine positive emotionale Bindung der Benutzer.[6]

Um diese Grundgedanken umzusetzen, gibt es auf dem iPad einige „Best Practices", die Apple auf der Entwicklerwebseite[7] im Detail beschreibt.

---

[3] http://developer.apple.com/iphone/library/documentation/General/Conceptual/iPadHIG/
KeyFeatures/KeyFeatures.html#//apple_ref/doc/uid/TP40009446-CH2-SW1 (zuletzt abgerufen am 8.8.2010).

[4] Das für Herbst 2010 auf dem iPad angekündigte iOS 4.0 erlaubt es Applikationen, bestimmte Dienste im Hintergrund weiter laufen zu lassen: Musik abzuspielen, Voice-over-IP, Standortverfolgung. Dies wird unter dem Schlagwort Multitasking angepriesen – weiterhin läuft aber im Großen und Ganzen nur eine Applikation zu einer Zeit.

[5] Das zugrunde liegende Betriebssystem unterstützt Multitasking und nutzt das auch (siehe Kapitel Hardware und Software des iPad).

[6] http://developer.apple.com/iphone/library/documentation/UserExperience/Conceptual/Mobile
HIG/PrinciplesAndCharacteristics/PrinciplesAndCharacteristics.html#//apple_ref/doc/uid/TP4000
6556-CH7-SW1 (zuletzt abgerufen am 8.8.2010, eigene Übersetzung).

[7] http://developer.apple.com/ipad/sdk/ (zuletzt abgerufen am 19.8.2010)

Metaphern verwenden

Die Idee, Objekte aus der Realität als Metaphern auch in Software zu verwenden, ist nicht neu. Ordner sind ein typisches Beispiel: Da Menschen Unterlagen auch im wirklichen Leben in Ordnern ablegen, begreifen sie sofort das Konzept der Dateiablage in Ordnerstrukturen am Computer. Im iPad werden Metaphern so oft wie möglich verwendet und viel Wert auf die visuelle und haptische Umsetzung gelegt: Bücherregale, Schiebeschalter, Umblättern in Büchern.

> **Best Practice:** Die im iPad existierenden und daher den Benutzern bekannten Metaphern möglichst unverändert wiederverwenden.

> **Best Practice:** Die Aufgabe der eigenen Applikation intensiv daraufhin untersuchen, ob es eine Metapher aus der wirklichen Welt gibt, die einen hohen und sofortigen Wiedererkennungswert bei vielen Benutzern hat und verwendet werden kann.
>
> **Beispiel:** Prüfung der Produktion eines Sublieferanten
>
> **Bisher:** Eine Webseite mit allen Eingabeelementen in einer eher technisch orientierten Anordnung (siehe Abb. 1).

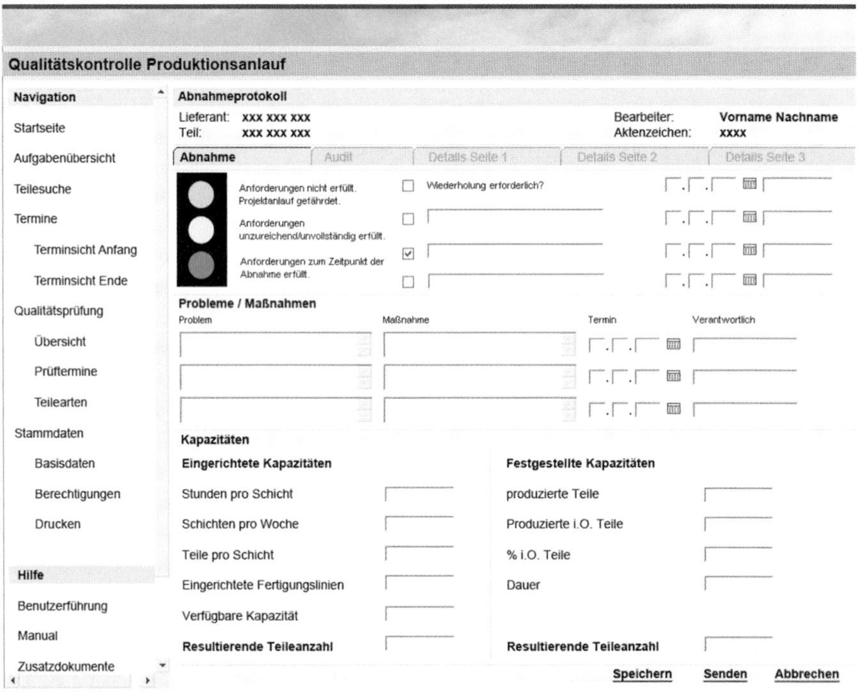

Abb. 1 Eine typische Webseite mit technisch orientierter Anordnung

Richtig: Ohne Computer würde man diese Prüfung wohl mit Block und Bleistift machen. Es bietet sich also an, ein Blockblatt als Metapher für den Audit-Bericht zu verwenden (siehe Abb. 2).

Wenn mit Metaphern gearbeitet wird, ist es **nicht** notwendig, eine möglichst gute Kopie des Originals aus der wirklichen Welt zu schaffen. Oft wird eine übertriebene

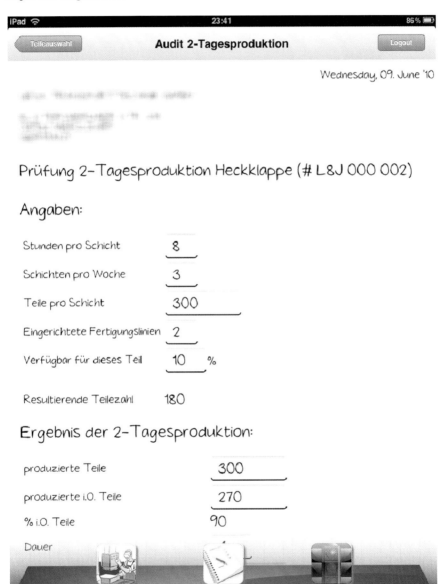

Abb. 2 Eine App basierend auf der Metapher „Notizblock"

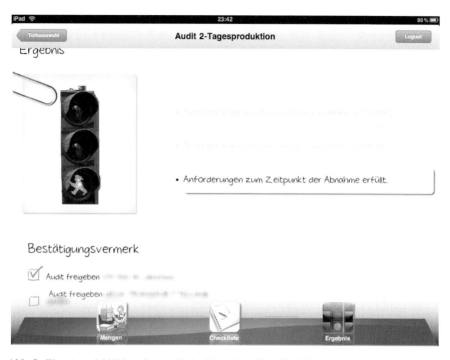

Abb. 3 Eine Ampelabbildung innerhalb der Metapher „Notizblock"

oder verbesserte Version der Wirklichkeit vom Benutzer viel besser erkannt und
wahrgenommen. Niemand würde ein Foto einer Ampel mit einer Büroklammer in
seinen Block heften – dennoch wirkt die Metapher aussagekräftig (siehe Abb. 3).

> **Best Practice:** Das Design der Objekte und Bildschirmszenen wird als eine
> Möglichkeit der Benutzerkommunikation verstanden: Inhalt und Verhalten
> der Applikation werden durch das Design grafisch zum Benutzer transpor-
> tiert.

Noch wichtiger als das Design ist die Animation der Objekte. Eine realitätsna-
he Animation von Objekten (Beispiel: Seiten umblättern) erzeugt beim Benutzer
positive Eindrücke.

> **Best Practice:** Objekte werden bei Benutzerinteraktionen realistisch animiert.

Strukturieren, Komplexität reduzieren

In Geschäftsapplikationen werden oft viele Informationen angezeigt, be- und
verarbeitet. Die Informationsfülle wächst von Jahr zu Jahr. Die Anzahl der
Informationen, die ein Mensch unproblematisch erfassen kann, bleibt indes beschränkt. Es ist Aufgabe der Software, Informationen in Kategorien zu ordnen. In
der heutigen IT-Welt werden oft ganze Kernprozesse eines Unternehmens mit einer

oder einigen wenigen Applikationen implementiert. Während dies auf dem Backend Sinn macht, um Betrieb und Management zu vereinfachen, ist es am Frontend nicht unbedingt benutzerfreundlich. Oft sind die Applikationen überladen, weil sie so viele Aufgaben erledigen müssen. Ein Benutzer, der nur einen kleinen Use-Case zu erledigen hat, wird mit der gesamten Funktionsvielfalt konfrontiert. Gleichzeitig werden die Prozesse immer komplexer. Im Zusammenhang mit einer geschickten Bebauungsplanung (Stichwort: Enterprise Architecture Management, EAM) und einer serviceorientierten Unternehmensarchitektur (Stichwort: SOA) ist es heute möglich, ein einheitliches und gleichzeitig kostengünstiges Backend zu bauen, das die verschiedenen Funktionen als Services zur Verfügung stellt. Aufbauend auf diesen Services kann dann für jeden Use-Case eine eigene „App" entwickelt werden (siehe Abb. 4).[8]

Dabei sollte das Granularitätsniveau der Use-Cases aus Benutzersicht gewählt werden: Jede Aufgabe eines Benutzers im Unternehmen ist ein Use-Case, jeder Use-Case ist eine „App". Ein Benutzer hat also Zugriff auf so viele Apps, wie er Aufgaben im Unternehmen hat. Ein typischer Use-Case im obigen Beispiel wäre: „Audit und Abnahme der Produktionsqualität eines gelieferten Teils".

Best Practice: Jede „App" implementiert genau einen Use-Case bzw. genau eine Aufgabe eines Mitarbeiters im Unternehmen.

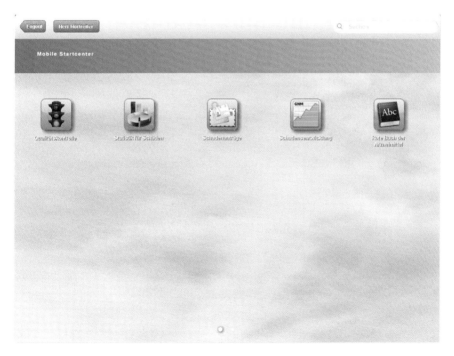

Abb. 4 Eine App für jeden Anwendungsfall, ein Benutzer sieht nur „seine" Apps

---

[8]Die Einbindung in das Backend und in eine serviceorientierte Architektur wird im Kapitel Entwicklungsprozess – Design näher detailliert.

Ein Use-Case besteht dabei aus mehreren technisch orientierten Tasks bzw. Einzelaufgaben. Am Beispiel des oben genannten Use-Case wären das:

- Auswahl des Lieferanten
- Auswahl des Teils
- Dokumentation der Ergebnisse der Prüfung

Während einer solchen Task bzw. Einzelaufgabe sollte der Benutzer einen konsistenten und in sich geschlossenen Bildschirmbereich bedienen können. Dabei sollte die Abfolge von Masken innerhalb einer Einzelaufgabe nicht wie in einem geführten Dialog vorgegeben sein, sondern vom Benutzer möglichst frei gewählt werden können. Weitergehende Untergliederungen und nebenläufige Tasks sollten weitestgehend vermieden werden. Durch solche Elemente der Benutzerführung (wie z.b. komplexe Wizards oder modale Dialoge) besteht immer das Risiko, dass Benutzer von der eigentlichen Aufgabe abgelenkt werden und nicht mehr zurückfinden. Wichtig dabei ist, dass das iPad nicht der Ersatz für komplexe Spezialaufgaben sein kann. Für die Berarbeitung von Exceltabellen mit mehreren tausend Feldern oder ähnliche Aufgaben ist das iPad nicht geeignet. Für solche Aufgaben ist und bleibt der PC das richtige Gerät. Als Faustregel gilt: wenn sich ein Benutzer bei der Bedienung einer PC-Applikation einen größeren Monitor wünscht, dann ist dies kein guter Anwendungsfall für das iPad. Oft kann aber auch in solchen Fällen durch eine radikale Umstellung der Visualisierung ein deutlicher Fortschritt erreicht werden.

> **Best Practice:** iPad-„Apps" werden nur für die 20 Prozent der meist genutzten Use-Cases entwickelt, mit denen ein Benutzer 80 Prozent seiner Arbeitszeit verbringt.[9]

Eine iPad-„App" bildet meist nur die Standardfälle eines Use-Cases ab. Sonderfälle im Use-Case, die eine iPad-App nicht abdeckt, werden allenfalls durch sehr einfache Workarounds bereitgestellt (z.B. gelbe Klebezettel für notwendige Nacharbeiten am PC im Büro oder einen E-Mail Reminder an einen Experten).

> **Best Practice:** Innerhalb einer Task oder Einzelaufgabe wird das Umschalten auf einen neuen Bildschirm durch „popovers"[10] und geteilte Bildschirmbereiche vermieden.

An dieser Stelle ist weniger mehr. Es ist zwar eine große Herausforderung, eine komplexe fachliche Aufgabe in möglichst einfache Benutzeraktionen zu zerlegen, die Erfahrung zeigt aber, dass sich der dafür notwendige Aufwand lohnt.

---

[9]Oft wird gerade für die selten verwendeten Use Cases eine intuitive Bedienung gefordert. So richtig dies ist, ist es doch meist ökonomisch nicht durchsetzbar.

[10]Einblendungen von Aktionen oder Tool-Symbolen, die die Informationen auf dem Bildschirm beeinflussen (typischerweise unter Windows der rechte Mausklick).

Die Forderung dieses Kapitels stellt neue Ansprüche an die Qualität der Anforderungsanalyse innerhalb von IT-Projekten. Die Funktionsvielfalt muss nicht mehr nur erhoben, sondern auch strukturiert und in einzelne Apps zerlegt werden. Hier bietet sich ein Vergleich an: In jedem guten Restaurant bekommt ein Gast genau das passende Besteck zu seiner Bestellung an den Tisch (Fischmesser, Steakmesser, Löffel ja/nein, etc.). Die IT liefert ihren Benutzern derzeit ein übergroßes Schweizer Taschenmesser[11] zu jedem Menü. Während bisher das IT-System die Funktionsvielfalt in voller Breite abgebildet hat und der Benutzer die für seinen Use-Case notwendigen IT-Aktionen selbst zusammensuchen musste (Schweizer Taschenmesser), fällt der IT nun die Aufgabe zu, die Use-Cases zu strukturieren, zu zerlegen und in einzelnen „Apps" abzubilden (passendes Besteck). Die IT muss also nicht nur verstehen, **was** der Benutzer mit der Applikation tun will, sondern auch **wie** er das tun will.

Sofortiges Feedback

Da die Benutzer das iPad durch die Touch-Oberfläche bedienen, entsteht im Gegensatz zur Bedienung mit Tastatur und Maus ein sehr direkter Bezug zu den Objekten am Bildschirm. Es ist daher wünschenswert, dass Benutzer Veränderungen am Objekt direkt sehen. Dies hat den zusätzlichen Vorteil, dass die Ergebnisse von Aktionen leichter verstanden werden.

> **Best Practice:** Solange ein Benutzer Aktionen an einem Objekt durchführt, bleibt dieses auf dem Bildschirm sichtbar.

> **Best Practice:** Die Ergebnisse einer Benutzeraktion werden direkt sichtbar.

Diese Best Practices verlangen generell einen höheren Aufwand bezüglich Programmierung und Rechenleistung.

> **Beispiel:** Ergänzen einer grafischen Statistik um weitere Filter.
> **Falsch:** Beim Klick auf „Filtern" wird auf einen neuen Dialog zur Eingabe von weiteren Kriterien umgeschaltet, und beim Klick auf den OK-Button wird die neue Statistik geladen und angezeigt.
> **Richtig:** Beim Klick auf „Filtern" öffnet sich eine Drop-Down Box mit der Auswahl der Kriterien. Veränderungen an den Kriterien sind direkt in der im Hintergrund liegenden Grafik sichtbar (siehe Abb. 5).

Zusätzlich zur direkt sichtbaren Veränderung am Objekt brauchen Benutzer sofortiges Feedback.

> **Best Practice:** Jede Benutzeraktion bewirkt eine sofort sichtbare Veränderung am Bildschirm.

---

[11] www.amazon.de/Wenger-Schweizer-Offiziersmesser-Messer-Schatulle/dp/B000R0JDSI/ (zuletzt abgerufen am 10.8.2010).

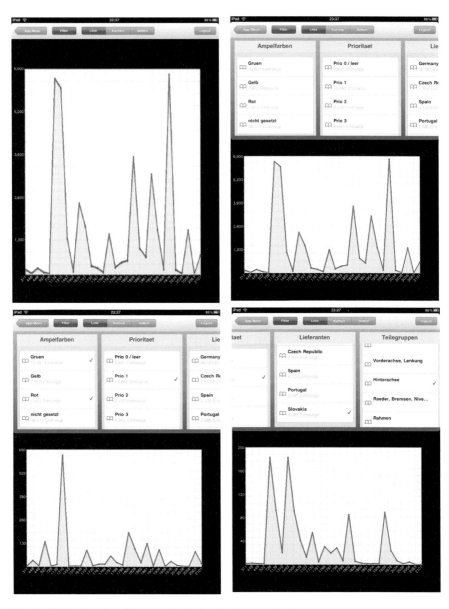

Abb. 5 Einblenden eines Filters und sofortige Veränderung bei Auswahl

Beispiel: Aktivieren eines Filters im obigen Beispiel.

Falsch: Die neue Grafik der Statistik ersetzt die alte, sobald sie geladen oder generiert ist.

Richtig: Bei Veränderung des Filters wird die Grafik der Statistik sofort halbtransparent, und die Animation eines sich drehenden Kreises überlagert die

Grafik mittig. Die neue Grafik der Statistik ersetzt die Animation, sobald sie geladen oder generiert ist.

Beispiel: Auswahl eines Links auf eine neue Seite.

Falsch: Eine neue Seite wird geladen.

Richtig: Der Link wird zuerst kurz farblich hinterlegt. Dann wird eine neue Seite geladen.

Zusätzliches Audio-Feedback einer Aktion (z.B. durch einen Signalton) ist möglich, sollte aber nicht mit den Warnmeldungen des Betriebssystems kollidieren. Audio-Feedback muss optional sein, da der Benutzer das iPad eventuell in einer Umgebung benutzt, in der er das iPad nicht hört oder es auf Stumm geschaltet haben muss. Auch Animationen sind sinnvoll, um dem Benutzer Feedback zu geben – sie müssen aber zugleich subtil und aussagekräftig sein. Animationen werden überall im iPad verwendet (z.B. als Zusammenbauen der Startseite nach dem Unlock etc.), sollen aber nur das Benutzungserlebnis verbessern und sich nicht in den Fokus des Benutzers drängen.

Auswählen statt Eingeben

Eine Computersoftware ist generell besser darin, sich Listen von Optionen, Kommandos, Daten etc. zu merken, als ein Mensch. Bei jedem Eingabefeld, in das ein Benutzer Text eingeben muss, sollte man sich überlegen, wie viele sinnvolle Eingabemöglichkeiten es in diesem Fall gibt. Diese Eingabemöglichkeiten sollten dem Benutzer zur Auswahl per Touch-Click angeboten werden.

Best Practice: Dem Benutzer so oft wie möglich Auswahlmöglichkeiten anbieten und die Anzahl der Texteingaben radikal reduzieren.

Beispiel: Auswahl eines Lieferanten.

Falsch: Text-Eingabefeld zur Eingabe einer neunstelligen Dun & Bradstreet-Nummer.[12]

Richtig: Grafische Anzeige der Lieferantenarten, z.B. über die Teilehauptgruppen, die über diesen Lieferanten bezogen werden (Reifen, Elektronik, Motor, Karosserie, IT-Dienstleistungen); zusätzlich Anzeige der letzten 16 ausgewählten Lieferanten am Bildschirmrand. Bei Touch-Click auf die Kategorie Anzeige einer Weltkarte. Bei Touch-Click auf einen Kontinent Anzeige der Länder. Nach der Landesauswahl Anzeige der verbliebenen Lieferanten als Liste. Integration eines Bookmark-Systems in die Auswahl (siehe Abb. 6). Es werden nur die Lieferanten in die Auswahlmöglichkeiten einbezogen, für die der Benutzer berechtigt ist. Auswahlen, die nicht sinnvoll sind, werden ausgeblendet (keine Berechtigung für irgendeinen Reifenlieferanten) oder ganz übersprungen (keine Anzeige der Weltkarte, wenn alle Lieferanten in Europa sitzen).

---

[12]Der neunstellige D-U-N-S-Zahlencode von Dun & Bradstreet dient zur weltweit eindeutigen Identifikation von Unternehmen, z.B. in den meisten IT-Systemen, in denen Daten über Lieferanten verarbeitet werden. Siehe auch http://de.wikipedia.org/wiki/D-U-N-S.

Abb. 6 Auswahl durch Touchinterface statt Texteingabe

Statt der Kenntnis der neunstelligen Nummer und der Eingabe von neun Ziffern benötigt der Benutzer nun Wissen über eine der Teilehauptgruppen, die dieser Lieferant beschafft, und einen seiner Standorte. Dieses Wissen vorausgesetzt kann ein Benutzer einen für ihn neuen Lieferanten mit maximal vier Touch-Klicks auf den Bildschirm auswählen. Vielgefragte Lieferanten können mit einem Touch-Klick ausgewählt werden.

> **Best Practice:** Vermeidung von einfachen, grafisch nicht ansprechenden Listendarstellungen.
> Während Listen oder Tabellen zwar ein probates Mittel zur Anzeige großer Informationsmengen sind, nehmen sie jedoch dem Benutzer die Möglichkeit, die gleichen Informationen grafisch ansprechender aufzunehmen. Eine Liste von Kontakten kann in Form eines Adressbuchs dargestellt werden, und eine Liste von Firmen kann mit vorangestellten Logos als Pop-up präsentiert werden.
> **Best Practice:** Nutzung von bekannten Mehrfingergesten, z.B. zum Zoomen oder Verkleinern von Inhalten.

Das iPad lädt mit seinem großen Bildschirm zur Nutzung von Mehrfingergesten ein. Dabei können auch eigene, neue Mehrfingergesten implementiert werden, diese sollten aber nie der einzige Weg sein, bestimmte Aktionen auszuführen.

Benutzerkontrolle

> **Best Practice:** So wenig Ablaufpfade wie möglich im Programm vorgeben und dem Benutzer die Kontrolle über Zeitpunkt und Ausführung von Aktionen überlassen. Modale Dialoge vermeiden.

Modale Dialoge sollten auf die Fälle beschränkt werden, in denen es absolut notwendig ist, die Aufmerksamkeit der Benutzers zu erlangen, oder in denen eine Aufgabe fertiggestellt (oder explizit abgebrochen) werden muss, um die Informationen nicht in einem undefinierten Zustand zu lassen.

Best Practice: Wenn ein modaler Dialog unvermeidbar ist, muss der Benutzer immer einen offensichtlichen und sicheren Weg haben, den modalen Dialog abzubrechen. Dabei muss der Benutzer vorhersagen können, was mit seinen bisherigen Eingaben passieren wird.

Best Practice: Mehrere ineinander verschachtelte modale Dialoge sind zu vermeiden. Wenn unbedingt notwendig muss für den Benutzer klar sein, welche Aktionen hinter Knöpfen wie „Annehmen", „Anwenden" und „OK" auf den verschiedenen Ebenen der Dialoge stehen.

Oft können modale Dialoge durch sogenannte popover's ersetzt werden, das sind Masken die über den Inhalt ein- und wieder ausgeblendet werden, wenn der Benutzer außerhalb der Maske den Bildschirm berührt. Ein popover hat einen Pfeil, der auf die Stelle am Bildschirm zeigt, die der Benutzer berührt hat, um es zu aktivieren (siehe Abb. 11). Dadurch verliert der Benutzer nicht den Kontext seiner Arbeit aus den Augen.

Best Practice: Aktionen sollten einfach und geradlinig sein, sodass der Benutzer sie mühelos verstehen und sich merken kann. Standard-Eingabemechanismen und -Verhalten helfen dabei.
Beispiel: Bewertung eines Lieferanten.
Falsch: Ein „Wizard", der der Reihe nach Informationen abfragt und am Ende zu einer Bewertung gelangt.
Richtig: Lieferanten können in drei Kategorien bewertet werden. Die Kategorien werden am unteren Bildrand angezeigt, der Benutzer kann sich zwischen ihnen frei bewegen (siehe Abb. 7). Der Gesamtfortschritt der Bewertung wird immer links oben eingeblendet.

Best Practice: Der Benutzer hat immer die Möglichkeit, eine begonnene Operation zu stoppen.
Beispiel: Die Auswahl eines neuen Filters kann während der Auswahl durch Klick auf die Grafik im Hintergrund gestoppt werden.

Best Practice: Der Benutzer hat idealerweise die Möglichkeit, eine laufende Operation zu stoppen.
Beispiel: Wenn die Grafik neu lädt, eröffnet ein Klick auf die (nun transparente) Grafik die Frage, ob der Benutzer die Auswahl des neuen Filters stoppen will.

Best Practice: Vor jeder potenziell destruktiven Aktion wird eine nochmalige explizite Bestätigung des Benutzers eingeholt.

Datenabgleich:

Abb. 7 Freie Navigation des Benutzers ohne Gängelung durch einen "Wizard"

Ästhetische Integrität

Auch wenn eine Software immer eine bestimmte Aufgabe erfüllen soll, darf trotzdem das Aussehen einer Applikation nicht unterschätzt werden. Eine Applikation, die überladen oder unlogisch erscheint, ist schwer zu bedienen und zu benutzen. Dabei geht es bei ästhetischer Integrität nicht darum, wie hübsch eine Applikation ist. Die Frage ist, wie gut das Erscheinungsbild der Applikation zu ihrer Funktionalität passt. Eine Geschäftsapplikation sollte dekorative Elemente subtil und im Hintergrund halten und der Realisierung der Funktionalität mit Standard-Eingabemechanismen und -verhalten eine größere Priorität einräumen.

> **Best Practice:** Jede Ansicht einer Applikation ist auf den ersten Blick optisch ansprechend. Maske für Maske wird daraufhin geprüft.
> Beispiel: Darstellung eines Ergebnisses in Form einer Ampel-Bewertung (siehe Abb. 8)
>
> **Best Practice:** Erzeuge „Aha-Effekte" durch qualitativ hochwertige, auffallende oder überwältigende Grafiken (siehe Abb. 8).

Der Zusatzaufwand, einen professionellen Grafiker erstklassige Icons und Bilder für eine Applikation gestalten zu lassen, ist im Vergleich zum Umfang von

Abb. 8 Hochauflösende Grafiken für „Aha-Effekte"

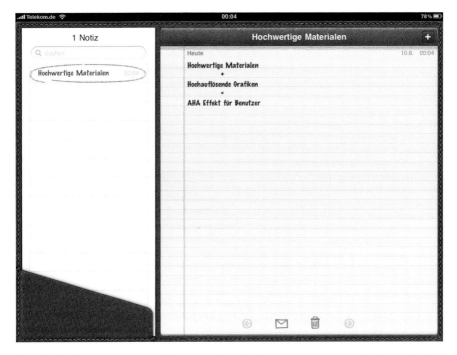

Abb. 9 Simulation hochwertiger Materialen (Quelle: Screenshot aus Apple's Notiz Applikation im iPad)

Geschäftsapplikationen meist verschwindend gering. Die künstlerische Gestaltung einer Applikation kommt auf dem hochauflösenden iPad-Bildschirm gut zur Geltung. Dies führt dazu, dass Benutzer gerne mit der Applikation arbeiten. Dieser Nutzen wiegt die Anfangsinvestitionen für ein paar Stunden Arbeit schnell auf. Ein passendes und schönes Icon als Aushängeschild der Applikation ist dabei eine der wichtigsten Grafiken. Das iPad fügt die gerundeten Ecken und den Transparenzeffekt in der oberen Icon-Hälfte selbst hinzu.

Die Abbildung von qualitativ hochwertigen Materialien wie Holz, Leder oder Metall ist eine Möglichkeit, die Wertigkeit einer Applikation zu verdeutlichen (siehe Abb. 9).

Drehbewegung als Benutzerinput

Die Nutzer eines iPad erwarten von einer Applikation, dass sie in allen Orientierungen funktioniert und eine gleich gute Benutzerführung besitzt. Dabei beeinflusst die Drehung die Möglichkeiten, wie die Informationen auf den Bildschirm passen, signifikant. Wenn der Benutzer das Gerät nicht deswegen drehen muss, weil die Ansicht sonst nicht passt, dann ist die Drehung Ausdruck eines Benutzerwillens: „Hier will ich mehr sehen" oder „Das muss ich mir im Überblick ansehen".

Dem sollte die Applikation Rechnung tragen und die Ansicht der aktuell dar-
gestellten Informationen entsprechend ändern. Dabei sollte der Fokus auf den
Hauptinformationen bleiben Wenn eine Drehung die Informationen verändert, mit
denen der Benutzer arbeiten will, dann hat dieser eventuell das Gefühl, die Kontrolle
über die Applikation zu verlieren.

> **Best Practice:** Jede Ansicht einer Applikation und jede Maske ist sowohl in
> der Längs- als auch in der Queransicht gut benutzbar. Mit dieser Forderung
> verdoppelt sich in gewisser Weise der Testaufwand für die Applikationen, da
> es jede Maske in zwei Versionen gibt.
>
> **Beispiel:** Die E-Mail-Applikation im Hoch- und Querformat. Im Querformat
> tritt die Hauptinformation „selektierte Nachricht" etwas in den Hintergrund
> und es wird eine „Übersicht aller Nachrichten" ständig mit eingeblendet. Bei
> der Drehung des Geräts ändert sich die Gewichtung zwischen den beiden
> Informationen: Im Hochformat wird nur die selektierte Nachricht angezeigt
> und die „Übersicht aller Nachrichten" kann als popover auf Knopfdruck
> eingeblendet werden (siehe Abb. 10 und 11).

Auch wenn die Drehbarkeit des Geräts eine der wichtigsten Eigenschaften des iPad
ist, gibt es einige Einschränkungen, die beachtet werden sollten:

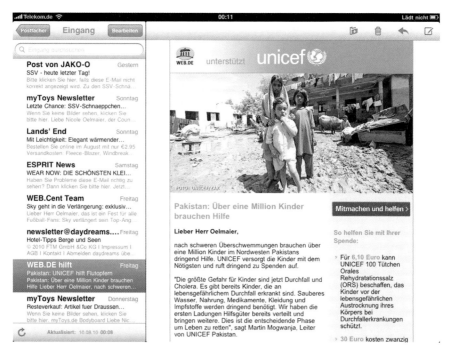

Abb. 10 Veränderung der Ansicht bei Drehung des Geräts: Querformatansicht (Quelle: Screenshot aus Apple's E-Mail Applikation im iPad)

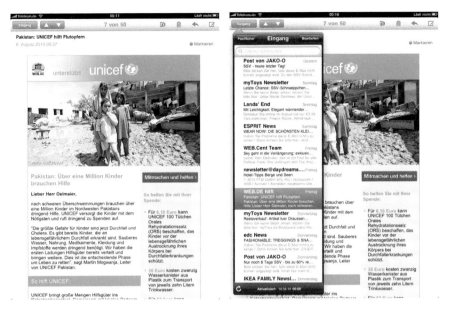

Abb. 11 Veränderung der Ansicht bei Drehung des Geräts: Hochformatansicht (Quelle: Screenshot aus Apple's E-Mail Applikation im iPad)

Best Practice: Keine radikalen oder überflüssigen Unterschiede zwischen Längs- und Queransicht. Beide Ansichten müssen ein konsistentes Benutzererlebnis bieten, die Art der Applikationsbenutzung darf sich durch die Drehung nicht ändern.

Best Practice: Bei der Drehung sollte der Benutzer nicht die Orientierung verlieren. Dies ist besonders wichtig, wenn der Benutzer Text lesen oder Zahlen interpretieren will. Die Umformatierung von Text oder Informationen sollte mit Animationen unterstützt werden. Im einfachsten Fall verbleibt bei einer Drehung kurz das gewohnte Layout, bevor es durch Animationen in eine neue Anordnung überführt wird.

Best Practice: Die Drehung des Geräts muss von der Software automatisch erkannt werden. Buttons oder Gesten, die den Maskeninhalt an die Orientierung des Geräts anpassen, sind zu vermeiden.

Best Practice: Beim Start der Software darf ausnahmsweise eine bevorzugte Orientierung des Geräts vorgegeben werden. Dies geschieht idealerweise durch ein Startbild in der gewünschten Orientierung. Da der Benutzer die Software wahrscheinlich einfach in der Orientierung startet, in der er die zuletzt benutzte Applikation bedient hat, ist eine Empfehlung zur Drehung des Geräts zulässig.

Best Practice: Rein technisch müssen auch die Überkopf-Varianten der Orientierung berücksichtigt werden, auch wenn diese normalerweise keine veränderte Benutzeroberfläche mit sich bringen.

Fokus auf Inhalt

Das Benutzerinterface einer Applikation sollte unauffällig sein und den Benutzer nicht von den Inhalten seiner Aufgabe ablenken. Die Bedienelemente sollten daher als subtiler Rahmen für die Informationen des Benutzers gestaltet werden. Dies löst man z.B., indem die Bedienelemente halbdurchsichtig gestaltet werden oder bei Nichtbenutzung einzelne Bedienelemente bzw. die komplette Bedienoberfläche ausgeblendet werden.

> **Best Practice:** Bedienelemente werden in der Anzahl und der grafischen Darstellung reduziert.

Um den Fokus weiter auf den Inhalt zu lenken, sollte dieser möglichst ansprechend präsentiert werden. So oft wie möglich sollte Inhalt grafisch anstatt in Textform angezeigt werden. Dies gilt nicht nur für die Darstellung – auch das Editieren ist in grafischer Form möglich:

- Umlegen eines Schalters
- Verändern einer Grafik durch Ziehen der Balken oder Messpunkte
- Eingabe einer Bewertung durch Klick auf eine Ampel
- etc.

Diese Vorgabe ist nicht unumstritten. Seit Langem fordern die Gestaltungsvorschriften für Benutzerschnittstellen, dass Buttons im 3D-Look herausstehen und damit zum Drücken einladen, und dass Scrollleisten und andere Steuerelement sich visuell vom Inhalt abheben. Das traditionelle GUI-Design sieht eine klare und sichtbare Trennung zwischen Inhalt und Steuerung vor. Dies steht im deutlichen Gegensatz zur Bedienphilosophie auf dem iPad. Zudem hält mit dem iPad ein Problem wieder Einzug, das es eigentlich seit den Anfangstagen des grafischen Web nicht mehr gibt: Ein Benutzer weiß manchmal nicht, wo er klicken kann. Dieses Problem kann durch eine starke Metapher umgangen werden. In solchen Fällen weiß der Benutzer automatisch, wo sich Steuerelemente befinden. Im Zweifelsfall lohnt es sich jedoch, ein sichtbares, aber subtiles Steuerelement unterzubringen. Dabei ist darauf zu achten, dass das Element die Steuerelemente nicht in den Vordergrund rückt, sondern sich grafisch in die gewählte Metapher integriert. In Abb. 12 wurden statt eines neuen Menübalkens transparente Buttons verwendet.

Zielgruppenspezifische Ansichten

Eine Applikation wird von mehreren Benutzergruppen verwendet. Oft werden in der Softwareergonomie drei Kategorien unterschieden[13]:

---

[13]Vgl. z.B. http://linux2.fbi.fh-koeln.de/kram/s-050-mensch-computer-interaktion.pdf (zuletzt abgerufen am 9.8.2010).

Abb. 12 Mehr Fokus auf Inhalt durch Einbau subtilerer Steuerelemente

- Anfänger ohne jegliche Erfahrung
- Gelegenheitsbenutzer, regelmäßige Nutzer ohne Spezialkenntnisse (größte Benutzergruppe)
- Experten, geübte und ständige Benutzer mit umfangreichen Kenntnissen (kleinste Benutzergruppe)

> **Best Practice:** Geschäftsapplikationen, die viele Benutzer im Expertenstatus haben (also jene Benutzer, die das Programm sehr häufig verwenden müssen), sollten intensiv auf weitergehendes Automatisierungspotential überprüft werden.

Experten werden für viele ihrer Use-Cases in Geschäftsapplikationen auch weiterhin einen PC benötigen. Wie in den vorherigen Kapiteln geschildert, ist das iPad gut geeignet, um 80 Prozent des Benutzungsumfangs (= 20 Prozent der Funktionalität) einer Geschäftsapplikation abzubilden. Damit richtet sich das iPad systembedingt an Anfänger und Gelegenheitsnutzer. Es bietet sich dennoch an, verschiedene Sichten auf die Applikation anzubieten, wie dies z.B. auch iTunes in der Kopfzeile mit einer segmentierten Toolbar macht (siehe Abb. 13).

Abb. 13 Verschiedene Sichten für verschiedene Benutzergruppen (Quelle: Screenshot aus Apple's iTunes Applikation im iPad)

Für einen Neueinsteiger werden „empfohlene" Musiktitel übersichtlich unter
„Featured" präsentiert, der Experte kann mit „Genius" über verschiedene Optionen
Playlisten und Vorschläge zusammenstellen.

> **Best Practice:** Die Funktionalität einer Software wird für verschiedene
> Benutzerzielgruppen gegliedert. Die Gruppen werden gemeinsam in einer
> Ansicht angezeigt.

Im Gegensatz zu einem PC oder Laptop lädt das iPad durch seine Größe und
sein Format dazu ein, Informationen mit anderen Personen zu teilen. Wichtige
Informationen werden einem Gesprächspartner durch direkte Übergabe des Geräts
gezeigt.

> **Best Practice:** In Geschäftsapplikationen sollten Überblicksansichten enthal-
> ten sein, die einem anderen Benutzer gezeigt werden können.

Auch die Übergabe eines iPads in einem Workshop zur Eingabe von Daten ist möglich, sofern dies von der Applikation adäquat unterstützt wird. Nicht zuletzt ist auch
die virtuelle Zusammenarbeit mehrerer iPad Nutzer im Netzwerk eine Anforderung,
die immer häufiger gestellt wird. Die sofortige Sichtbarkeit von Änderungen eines Benutzers auf allen Clients ist zwar technisch nicht einfach zu realisieren,
liegt aber durchaus im Rahmen der Möglichkeiten einer modernen Infrastruktur.
Dabei muss beachtet werden, dass auch mehrere Personen eventuell gleichzeitig die
Gestensteuerung des iPad benutzen.

Laden und Speichern, Starten und Stoppen

Obwohl das iPad natürlich ein Dateisystem besitzt und Applikationen Dateien an-
legen und verändern, sollte der Benutzer davon nichts bemerken. Im iPad werden
Daten als Objekte der Applikation behandelt. Diese Objekte werden automatisch
generiert und abgespeichert, ein Benutzer muss dazu keine speziellen Aktionen
ausführen.

> **Best Practice:** Dateisystemoperationen und das Laden und Speichern in
> Datenbanken bleiben vom Benutzer unbemerkt.
> Dies gilt vor allem beim Speichern. Jede Änderung des Benutzers wird per-
> sistiert – außer der Benutzer bricht eine Aktion explizit ab oder löscht eine
> Änderung. Es ist Aufgabe der Software, die Sicherung von Benutzereingaben
> transparent und ohne Zutun des Benutzers zu erledigen. Auch der Umgang
> mit unterschiedlichen Dateitypen und entsprechende Konversionen werden
> vor dem Benutzer so gut wie möglich verborgen.

> **Best Practice:** Sofort nach dem Start sollte ein Startbild gezeigt werden,
> das dem ersten Bildschirm nachempfunden ist. Dies verringert die ge-
> fühlte Startzeit der Applikation. Ansonsten werden keine Splash- oder

About-Fenster gezeigt, die nur die Startzeit verlängern und dem Benutzer jedes Mal präsentiert werden, ohne wertvolle Informationen zu enthalten.

Best Practice: Die Applikation startet dort, wo der Benutzer sie als letztes verlassen hat.
Der Benutzer kann eine Applikation jederzeit durch Drücken des Home-Buttons beenden.

Best Practice: Benutzerdaten werden so oft und so bald wie möglich immer wieder gespeichert. Beim Beenden wird der aktuelle Stand der Applikation so genau wie möglich gespeichert (inklusive aktueller Auswahlen etc.).

Best Practice: Es gibt keine Setupprozeduren. Die Applikation ist so vor-konfiguriert, wie 80 Prozent der Benutzer sie brauchen. Wenn zusätzliche Informationen vom Benutzer benötigt werden, werden diese abgefragt, sobald sie das erste Mal gebraucht werden.

Intuitives Erlernen

Eine wirklich gute iPad-Anwendung lebt von den kleinen, unauffälligen Hilfestellungen für den Benutzer. Dies beginnt bei Tooltipps in Geschäftsgrafiken, die einen Messpunkt erläutern, und reicht über die Möglichkeit zur Erstellung persönlicher Bookmarks bei Auswahlen bis hin zur Speicherung häufig eingegebener Werte in Formularfeldern und der Anzeige einer Auswahlmöglichkeit für diese Werte bei Eingabe der Anfangsbuchstaben. Keine dieser Funktionalitäten ist neu, sondern in benutzerfreundlichen Applikationen häufig zu finden.

Best Practice: Bekannte Eingabehilfen und unaufdringliche Zusatzfunktionen für den Benutzerkomfort sollten systematisch in der Applikation an allen Stellen verbaut werden.

iPhone-Benutzer 1: Hast Du gleich rausgekriegt, wie man eine E-Mail löscht?
iPhone-Benutzer 2: Ja, eigentlich schon.
iPhone-Benutzer 1: Ich musste das googeln! Dass man eine E-Mail einfach mit dem Finger durchstreichen kann ...
iPhone-Benutzer 2: Was? Das geht? Ich tippe immer auf „Bearbeiten", dann auf die E-Mails, die ich löschen will, und dann auf „Löschen".
iPhone-Benutzer 1: Cool! Das ist ja total praktisch wenn man mehrere E-Mails löschen will. Das wusste ich noch gar nicht.

Die Bedienung des iPad (und iPhone) ist nicht immer intuitiv erlernbar. Zum einen ist die Gestensteuerung für viele Benutzer generell neu, zum anderen wird die gleiche Geste in verschiedenem Kontext oft unterschiedlich verwendet.[14] Einmal

---

[14]Vgl. dazu auch http://www.nngroup.com/reports/mobile/ipad/ipad-usability.pdf, Seite 7, „Inconsistent Interaction Design" (zuletzt abgerufen am 8.8.2010).

gelernt, ist die Bedienung jedoch meist offensichtlich und fühlt sich sehr natürlich und intuitiv an. Es gibt also einen erkennbaren Unterschied zwischen „intuitiv bedienbar" und „intuitiv erlernbar".

> **Best Practice:** Im ersten Schritt sollte eine intuitiv bedienbare Oberfläche geschaffen werden, Hilfestellungen für das Erlernen kommen im zweiten Schritt.

Für das Erlernen der Bedienung gibt es für Privatnutzer verschiedene Optionen:

- Ausprobieren: Da das Gerät den Eindruck vermittelt, man könne nichts falsch machen, wird Ausprobieren auch für Benutzer zu einer Option, die das sonst nicht machen.
- Splashscreen mit grafischen Erklärungen beim ersten Aufruf einer Maske
- Gespräch mit anderen Benutzern
- Ansehen der Apple-Fernsehwerbung, in der Tipps und Tricks gezeigt werden
- Nachfragen bei einer der zahlreichen Communities im Internet
- Apple-Handbuch/Tipps und Tricks im Internet

Viele dieser Lernmethoden sind in einem Unternehmen nicht verfügbar. Für Unternehmen gilt daher:

- Die Bedienung muss möglichst weitgehend an bekannte iPad-Consumer-Applikationen angelehnt sein, sodass ein Wissenstransfer von der allgemeinen iPad-Bedienung auf die Geschäftsapplikationen möglich ist.
- Eine Geschäftsapplikation muss einen spielerischen Eindruck vermitteln, um auch an dieser Stelle das Ausprobieren zu fördern.
- Eine kurze Videosequenz oder eine kurze grafische Erklärung im Stil eines Comics beim ersten Aufruf einer Maske
- Idealerweise ist für die Mitarbeiter die Benutzung des iPad auch zu nicht dienstlichen Zwecken gestattet. Dadurch entwickeln sich automatisch „Profi-Benutzer", die dann als Anlaufstelle für andere Mitarbeiter dienen und so das Anlernen übernehmen.
- Aufbau einer Intranetseite mit Tipps und Tricks, im besten Fall mit Community-Funktionen wie einem Forum.

Erst als letztes Mittel sollte auf Mitarbeiterschulungen zurückgegriffen werden. Wenn eine Schulung für eine iPad-Applikation notwendig ist, dann ist dies ein deutliches Indiz dafür, dass beim Design der Applikation etwas schiefgelaufen ist.

Hardware und Software des iPad

Das iPad als Gerät ist weitgehend ein herkömmlicher Tablet-PC mit Multi-Touchscreen. Es ist als Consumergerät konzipiert. Das verwendete iOS-Betriebssystem stellt aber ein in sich geschlossenes und daher gut zu verwaltendes System dar, das allein durch die deutlich geringeren Konfigurationsmöglichkeiten eine wesentlich bessere Wartbarkeit in der Fläche erwarten lässt, als dies bei herkömmlichen Windows-PCs der Fall ist.

Geräteeigenschaften

Das iPad besitzt ein 9,7"-Display (24,6 cm) mit einer Auflösung von 1 024 × 768 im Format 4:3. Das Display löst damit etwa 132 ppi[1] auf, also etwas weniger als ein iPhone (163 ppi bei den älteren Modellen, ca. 326 ppi beim iPhone 4), und liegt im Bereich eines normalen Netbook- oder Notebook-Displays (zwischen 100 und 150 ppi[2]). Der Bildschirm ist in In-Plane-Switching–Technologie (IPS) ausgelegt, die sich durch eine sehr geringe Blickwinkelabhängigkeit auszeichnet. Das iPad kann also aus allen Richtungen gleich gut eingesehen werden. Ein großer Farbraum, ein sehr guter Kontrast (1:1193) und eine sehr hell einstellbare LED-Hintergrundbeleuchtung (bis zu 300 cd/m^2) sorgen für ein äußerst klares Bild. Das iPad lässt sich auch bei Tageslicht gut ablesen, allein bei direkter Sonneneinstrahlung ist das Display nicht ausreichend. Dies liegt auch an der Verspiegelung des Displays, das dadurch normalerweise zwar sehr brillant wirkt, bei starkem Umgebungslicht in bestimmten Situationen aber störende Spiegeleffekte produziert. Insgesamt reicht der Bildschirm für die Arbeit in faktisch allen Situationen problemlos aus.

Voll geladen hält das iPad zehn Stunden durchgehende Arbeit aus, beim Ansehen von Videos verringert sich die Akkulaufzeit auf acht Stunden. Der Ladevorgang dauert etwa vier Stunden und kann via Steckdose oder bei ausgeschaltetem iPad

---

[1] ppi = points per inch, diese Maßangabe gibt die „Schärfe" des Bildes an.

[2] Siehe http://www.notebookcheck.com/DPI-Feinheit-von-Displays.845.0.html (zuletzt abgerufen am 15.8.2010).

F. Oelmaier et al., *Apple's iPad im Enterprise-Einsatz*, Xpert.press,
DOI 10.1007/978-3-642-15437-9_4, © Springer-Verlag Berlin Heidelberg 2011

auch am PC stattfinden. Das iPad ist ein geschlossenes System, weder Akku noch
Speicher können ausgetauscht oder erweitert werden. Obwohl das iPad keinen
Lüfter hat, bleibt es meistens eher kühl, bei direkter Sonneneinstrahlung kann es
jedoch so heiß werden,[3] dass es mit einer Warnmeldung den Dienst quittiert, bis die
Umgebungstemperatur wieder gesunken ist.

Einmalig muss das iPad an einen PC mit einer iTunes-Installation (Windows
oder Mac OS X) angeschlossen werden, um es zu aktivieren. Auch für ein
Firmwareupdate ist eine Verbindung zu iTunes notwendig. Ansonsten erfordert der
Betrieb nicht zwingend einen PC. An einem PC ohne iTunes meldet sich das iPad
als Fotoapparat an. Fotos können auf den PC überspielt und auf dem iPad gelöscht werden. Es gibt allerdings Drittsoftware, die die Verwaltung des iPad am
USB-Port übernimmt – diese Software ist jedoch nicht von Apple freigegeben und
wird entsprechend nicht gerne gesehen. Ein Unternehmen sollte sich nicht auf die
Funktionsfähigkeit solcher Software verlassen.

Das iPad kann sich mit WLAN bis hin zum neuen 802.11n-Standard verbin-
den. Dabei werden alle aktuellen Verschlüsselungstechniken (keine, WEP, WPA,
WPA2) und IPSec unterstützt. Des Weiteren ist auch ein Bluetoothchip integriert,
der allerdings nur sehr eingeschränkt für Kopfhörer bzw. Lautsprecher und eine
Tastatur verwendbar ist. Das iPad mit UMTS unterstützt Datenverbindungen in den
Standards EDGE und UMTS (mit Beschleunigung durch HSPDA). In Deutschland
sind damit in einigen Großstädten bis zu 7,2 MBit/s möglich, flächendeckend 3,6
MBit/s.[4] In der UMTS-Version ist auch ein GPS-Empfänger integriert, der natürlich
nur im Freien gut funktioniert.

Betrachtet man die Hardwarespezifikationen, ist das iPad für den flächen-
deckenden Einsatz in Unternehmen grundsätzlich geeignet. Selbstverständlich ist
die Eignung im Einzelfall zu prüfen. Wie bei jeder Hardwareanschaffung ab einer bestimmten Größe muss ein Pilot- bzw. ein Feldversuch die Eignung im
Unternehmen nachweisen. Den größten Malus aus Hardwaresicht stellt sicherlich
die fehlende Erweiterbarkeit in Fällen dar, in denen der Anschluss von Zusatz- oder
Spezialgeräten notwendig ist. Dies beginnt bei der Netzwerkkarte und endet beim
fehlenden USB-Anschluss für weitere Geräte.

Erweiterbarkeit und Zusatzequipment

Ein Hauptkritikpunkt bezüglich des iPad war die fehlende Druckfunktion. Mittlerweile haben sich etliche Apps dieses Problems angenommen. Es gibt konzeptionell dabei zwei unterschiedliche Wege. Die meisten Apps nutzen ein kostenloses
Zusatzprogramm, das auf einem PC installiert sein muss. Diesem Programm werden
die zu druckenden Informationen übermittelt und dann mit dem PC-Druckertreiber
gedruckt. Die Programme aus der von Apple beworbenen Reihe „print'n'share" der

---

[3]Maximale Betriebstemperatur laut Spezifikation 35 °C, maximale Gerätetemperatur 44 °C.
[4]Einige Provider testen punktuell bereits höhere Datenraten; HSPDA würde bis zu 84,4 MBit/s
unterstützen.

Firma EuroSmartz gehen beispielsweise diesen Weg – eine WLAN- oder UMTS-Verbindung zum „Druck-PC" wird vorausgesetzt. Es gibt aber auch Apps wie „ePrint" von Microtech, die direkt auf einem netzwerkfähigen Drucker drucken, der im WLAN erreichbar ist. Dazu muss der Drucker einen der Druckdialekte ESC/P, ESC/Page (beide Epson), LOPS (Canon), PCL (HP und viele andere) oder Postscript beherrschen. Diese Apps sind meist zum Ausprobieren in einer kostenlosen „Lite"-Version erhältlich und kosten in der Vollversion etwa fünf bis zehn Euro.

Um Office-Dokumente nicht nur anzeigen, sondern auch bearbeiten zu können, muss das Works-Paket von Apple, bestehend aus den Programmen Pages (Textverarbeitung), Keynote (Präsentation) und Numbers (Tabellenkalkulation), installiert werden. Die drei Programme sind im App Store für je acht Euro erhältlich. Der Dateiaustausch ist per E-Mail oder mittels Dateiübertragung in iTunes möglich. Während fast alle Office-Dateien angesehen werden können, können komplexe Word-, Powerpoint- oder Excel-Dateien nicht sinnvoll bearbeitet werden.

Damit auf dem iPad sinnvoll getippt werden kann, ist eine iPad-Tasche notwendig, da durch die gebogene Unterseite des Geräts keine gerade Auflage existiert. Apple bietet mit dem iPad-Case eine entsprechende Hülle an. Diese Hülle bietet gleichzeitig Schutz und die Möglichkeit, das iPad in einem flachen Winkel auf einem Schreibtisch zum Tippen zu fixieren. Auch andere Zubehörhersteller haben Alternativen im Programm. Eine solche Hülle ist als „Pflichtzubehör" zu sehen und schlägt mit etwa 40 Euro zu Buche. Eine andere sehr sinnvolle Erweiterung ist eine Bluetooth-Tastatur in Verbindung mit einem normalen Apple-Dock. Es empfiehlt sich, beide Teile getrennt zu kaufen, denn im kombinierten iPad-Keyboard mit Dock befindet sich das iPad zu nahe am Keyboard, um entspanntes Arbeiten zu ermöglichen. Halterungen und passende Tastaturen gibt es sowohl von Apple als auch von anderen Herstellern. Als Apple-Originalzubehör ist das Dock für 30 Euro zu haben, die Tastatur kostet 70 Euro.

In vielen mobilen Anwendungsfällen wird mit Fotos gearbeitet. Da das iPad keine eigene Kamera besitzt, muss für die Erstellung der Fotos ein Handy oder ein Fotoapparat benutzt werden. Mit Hilfe des iPad-Camera-Connection-Kit von Apple (30 Euro) bietet das iPad zwei Möglichkeiten zum Importieren von Fotos und Videos von einer Digitalkamera. Eine Möglichkeit ist der Direktanschluss der Kamera per USB an das iPad, die andere das Einlegen einer Speicherkarte in den iPad-Adapter. In beiden Fällen ist es komfortabel möglich, Bilder zu importieren, die anschließend per E-Mail verschickt werden können. Außerdem bietet Apple mit dem iPad-Dock-Connector-auf-VGA-Adapter (30 Euro) die Möglichkeit, in bestimmten Applikationen das Bild auf einen Beamer oder Monitor auszugeben. Diese Ausgabe muss die jeweilige jedoch Applikation unterstützen, was Video-, Foto- und Präsentations-Apps normalerweise tun. Der Webbrowser Safari und das Springboard unterstützen die Videoausgabe allerdings nicht.

Je nach betrieblichem Einsatzzweck wird eventuell weiteres Zubehör notwendig. Das Angebot an Zusatzequipment ist vielfältig: Kfz-Ladekabel, Schutzfolien, Zusatzakkus und die Integration in Stehtische sind nur einige Beispiele dafür. Ob in dieses Zubehör investiert wird, muss allerdings im Einzelfall entschieden werden.

Hardware Interna

Die Hardware des iPad ist vollständig durch die verschiedenen Betriebssystem-APIs[5] gekapselt, ein direkter Zugriff auf die Hardware ist von Apple nicht gewünscht. Die Hardware-Architektur ist eng an das iPhone angelehnt. Es kommt eine Standard-Architektur (von Neumann-Referenzarchitektur) zum Einsatz, mit der klassischen Komponenten- und Aufgabenteilung, wie sie auch von einem PC bekannt ist. Die Komponenten sind:

- CPU (RISC[6]-Architektur in einem ARM[7]-Design)
- Memory Controller
- I/O-Controller
- Grafikprozessor
- Hauptspeicher
- Festplatte (in Form eines Flash-Speichers)

Es gibt von den Apple-Geräten der iPad- / iPhone-Familie bisher etwa jährlich neue Hardware-Revisionen; zwischen den Revisionszeitpunkten bleiben die sichtbaren Hardwaredetails gleich. Zum aktuellen Zeitpunkt[8] existieren somit fünf verschiedene Hardwareversionen der i*-Geräte:

- iPhone (zwei Versionen mit 8 GB oder 16 GB Flash-Speicher)
- iPhone 3G (zwei Versionen mit 8 GB oder 16 GB Flash-Speicher)
- iPhone 3Gs (zwei Versionen mit 16 GB oder 32 GB Flash-Speicher)
- iPad (sechs Versionen mit 16 GB, 32 GB oder 64 GB Flash-Speicher, jeweils optional mit oder ohne Mobilfunk-Datenmodul)
- iPhone 4 (zwei Versionen mit 16 GB oder 32 GB Flash-Speicher)

Im iPad kommt ein von Samsung produzierter, von Apple selbst auf Basis der ARM-Referenzdesigns entworfener Prozessor namens A4 zum Einsatz (siehe Abb. 1). Der A4 ist ein sogenanntes „System on a Chip"-Design (SOC), d.h. Memory Controller, Grafikcontroller und I/O-Controller sowie die 256 MB Hauptspeicher (RAM) des Geräts sind im Chip integriert. Der A4 wird mit 1 GHz getaktet.

Des Weiteren befinden sich auf dem Board der MLC NAND Flash-Speicher als Festplattenersatz (die anderen beiden großen Chips in Abb. 1) und einige Zusatzcontroller für die Anbindung von USB, GPS und Lautsprechern (Broadcom

---

[5] API = Application Programming Interface.

[6] Reduced Instruction Set Computer (http://de.wikipedia.org/wiki/RISC).

[7] Die Firma ARM lizensiert Prozessorentwürfe an alle namhaften Hardwarehersteller für kleinere Geräte (siehe http://de.wikipedia.org/wiki/ARM-Architektur). ARM wurde 1990 als Joint Venture zwischen Acorn, Apple und VLSI Technologies gegründet.

[8] Stand 14.8.2010.

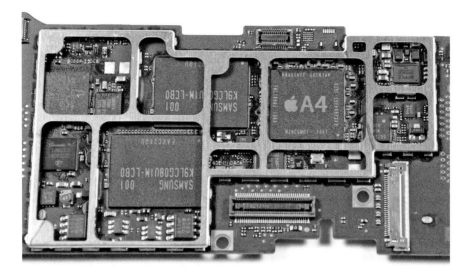

Abb. 1 iPad-Mainboard

BCM5973 I/O Controller, Texas Instruments CD3240A1, NXP Semiconductors L061 01 4 ZSD950). Hinzu kommt noch ein Broadcom BCM4329XKUBG Controller, der für WiFi-Verbindungen nach dem Standard 802.11n und für die Bluetooth 2.1-Kompatibilität (EDR und FM) sorgt. Im Modell mit Mobilfunk-Datenmodul findet sich noch ein UMTS/HSPDA-Modul basierend auf dem Infineon PMB 8878 (mit Zusatzmodulen von Skyworks [SKY77340], Three Triquint, Infineon [U6952] und Numonyx [36MY1EE] für die Signalverstärkung und Filterung). Zusätzlich besitzen die Modelle mit Mobilfunk-Datenmodul (und nur diese) ein GPS-Modul. Eine Batterie mit einer Kapazität von 24,8 Wattstunden bei 3,75 V liefert die Kapazität für etwa zehn Stunden Nutzung. Eine komplette Ansicht des Innenlebens zeigt die Community-Seite „ifixit.com"[9] auf der Benutzer Reparaturanleitungen veröffentlichen können (siehe Abb. 2).

Betriebssystem und Software Interna

Das Betriebssystem des iPhone ist das sogenannte iOS, ein Mac OS X Derivat, welches wiederum seine Wurzeln in einer Mischung aus FreeBSD und NetBSD Unix hat.[10] iOS und Mac OS X haben beiden einen Darwin-Kernel, der eine

---

[9]http://www.ifixit.com/Teardown/iPad-Wl-Fi-Teardown/2183/.

[10]FreeBSD und NetBSD sind frei erhältliche Open Source-Unix-Betriebssysteme, die via Berkeley Software Distribution (BSD) ursprünglich vom AT&T UNIX abstammen.

Abb. 2 Zerlegte Hardware eines UMTS-iPads

Weiterentwicklung des Mach-Kernel der Carnegie Mellon Universität für BSD ist. Während auf einem Mac OS X die Oberfläche Aqua läuft und das Betriebssystem über fünf verschiedene APIs verfügt (Cocoa, Carbon, POSIX, X11 und Java), ist auf dem iOS nur eine API verfügbar. Diese API wird zwar auch Cocoa genannt, weist aber nur sehr vage Ähnlichkeiten mit dem Cocoa von Mac OS-X auf, d.h. auch Source Code ist in keiner Weise von Mac OS-X portierbar. Das iOS hat keine dedizierte Benutzeroberfläche wie einen Window-Manager o.ä., weshalb jede Anwendung den Bildschirm frei gestalten kann. Lediglich eine App namens "Springboard", die das Startmenü darstellt, wird nach dem Einschalten sofort gestartet.

Der Flashspeicher „/dev/disk0" (d.h. die „Festplatte") des iPad ist in zwei Partitionen aufgeteilt (siehe Abb. 3). Die genau 1 GB große erste Partition „/dev/disk0s1" enthält die sogenannte Firmware und die von Apple standardmäßig ausgelieferten Programme (siehe Abb. 4). Das von Apple verteilte Firmware-Update ist im Wesentlichen ein Festplattenimage dieser Partition. Alle Benutzerdaten, Musik, Videos sowie alle im Shop gekauften Apps werden auf der zweiten Partition gespeichert, die den Rest des verfügbaren Platzes einnimmt. Das Apple-Betriebssystem kann seine Herkunft aus der Unix-Welt nicht verbergen. Die Entscheidung, kein Multitasking an der Oberfläche zuzulassen, basiert nicht auf

```
msg-Automotive-iPad:~ root# df
Filesystem              1K-blocks      Used Available Use% Mounted on
/dev/disk0s1             1024000    690992    322768  69% /
devfs                         24        24         0 100% /dev
/dev/disk0s2s1          14701168   3298592  11402576  23% /private/var
msg-Automotive-iPad:~ root# ps x
  PID   TT  STAT     TIME COMMAND
    1   ??  Rs    0:00.60 /sbin/launchd
   13   ??  Ss    0:00.52 /usr/sbin/notifyd
   14   ??  Ss    0:00.24 /usr/sbin/syslogd
   15   ??  Ss    0:03.30 /usr/libexec/configd
   21   ??  Ss    0:00.25 /System/Library/PrivateFrameworks/CoreTelephony.fram
   24   ??  Ss    0:00.49 /usr/libexec/lockdownd
   25   ??  Ss    0:00.18 /usr/sbin/fairplayd
   37   ??  Ss    0:00.02 /System/Library/CoreServices/MobileStorageMounter.ap
   38   ??  Ss    0:00.26 /usr/libexec/locationd
   50   ??  S     0:00.43 /usr/sbin/sshd -i
   51 s000  Ss    0:00.20 -sh
  151 s000  R+    0:00.00 ps x
msg-Automotive-iPad:~ root# _
```

Abb. 3 Mount Points und laufende Prozesse auf einem iPad

```
msg-Automotive-iPad:/Applications root# ls -la
total 0
drwxrwxr-x 23 root     admin      782 Jun  9 10:26 .
drwxr-xr-x  9 root     wheel      306 May  7 02:15 ..
drwxr-xr-x 12 root     admin     2210 Mar 23 04:02 AppStore.app
drwxrwxr-x 12 root     admin      578 Mar 23 03:58 DataActivation.app
drwxrwxr-x  4 root     admin      476 Mar 16 08:38 DemoApp.app
drwxrwxr-x  3 root     admin      272 Mar 16 08:26 FieldTest.app
drwxrwxr-x 12 root     admin     2720 Mar 23 04:01 Maps.app
drwxrwxr-x 12 root     admin     1904 Mar 23 03:57 MobileAddressBook.app
drwxrwxr-x 12 root     admin     5168 Mar 23 04:01 MobileCal.app
drwxrwxr-x 12 root     admin     2448 Mar 23 04:01 MobileMail.app
drwxrwxr-x 12 root     admin    10676 Mar 23 04:02 MobileMusicPlayer.app
drwxrwxr-x 12 root     admin     3740 Mar 23 04:02 MobileNotes.app
drwxrwxr-x 12 root     admin     7480 Mar 23 04:02 MobileSafari.app
drwxrwxr-x 12 root     admin      918 Mar 23 04:02 MobileSlideShow.app
drwxrwxr-x 12 root     admin     4250 Mar 23 04:02 MobileStore.app
drwxrwxr-x 12 root     admin     2754 Mar 23 04:03 Preferences.app
drwxrwxr-x 12 root     admin      646 Mar 23 04:05 Web.app
drwxrwxr-x 12 root     admin      714 Mar 23 04:05 WebSheet.app
drwxrwxr-x 12 root     admin     2856 Mar 23 04:06 YouTube.app
msg-Automotive-iPad:/Applications root#
```

Abb. 4 Die Standardapplikationen in einem iPad

Limitierungen des Betriebssystems. Verschiedene Services laufen im Hintergrund. Diese Services werden unter Unix „daemon" genannt. Der Programmname endet typischerweise mit „d" (siehe Abb. 3).[11]

---

[11]Die in der Abbildung verwendeten Befehle und der Prozess „sshd" sind nicht auf einem Standard-iPad verfügbar.

```
msg-Automotive-iPad:/var/mobile/Applications root# ls
1BE75434-908E-41ED-B719-C7F2F69A03F9    92CDB972-AE3A-44A2-BED8-86F656C64728
2AA38080-CBB6-4916-96A0-A0EDC3FEEDEC    A4065A8E-79D1-4C1F-9ABD-E5AC9F3EF5ED
37D0D3AE-9061-4523-855B-3EBF424410C9    A64E0617-0130-41D8-929C-690222C6BCFD
471656BA-B1C1-4745-9591-86ABB755ECBB    B6FC8CE1-D85C-4B4B-9589-BB96BBD842BA
49A0752D-B637-4F44-89B8-FCCF6B1CC172    D6FEA4FC-5D00-4B9D-A138-3A31BD256AB4
5546EBF9-5E95-4627-9A04-636B67C4F141    DA23F920-474C-4418-841F-1CE5456F46CD
57DC9024-22CB-49CA-8D2E-957EB3EDE58D    DD8865FE-AED5-4216-9A91-A9B8FCBF8AF6
5A26F155-AC4C-4B16-8A5C-AB16B3237888    E335F2B1-8B6F-442D-9230-8D94C8946223
62A97090-E246-461A-88FB-BC1AA96FA5FB    FC78C704-5E6E-4633-A9CB-5F1537A4010A
69BC6791-C071-4AB3-9790-02CFA1FB95F7    FD1E1143-E743-4D23-AE60-2723D131446E
6F39C35D-76B4-4585-85CE-071D566C3360    FFEA9677-FC01-4380-915A-8C02F94F893B
8C2FCF4A-FA45-451B-BAA2-F7FF21579E31
msg-Automotive-iPad:/var/mobile/Applications root#
```

Abb. 5 Verzeichnis der vom App Store heruntergeladenen Applikationen

Die vom App Store heruntergeladenen Apps werden über eine eindeutige Kennung bis auf die Version genau identifiziert. Diese Kennung dient auch als Verzeichnisname für die Speicherung (siehe Abb. 5). Auffällig dabei ist, dass jede Applikation ein eigenes Verzeichnis hat, in dem auch alle Daten der Applikation inklusive aller temporären Dateien gespeichert werden (siehe Abb. 6). Eine App darf nicht direkt auf das Dateisystem zugreifen und kann nur Dateien von ihrem eigenen Verzeichnis (oder darunterliegenden Verzeichnissen) laden. Eine große, übergreifende Datenbank wie die „Registry" unter Windows gibt es nicht und es ist den Applikationen eigentlich nicht erlaubt, Systemeinstellungen zu ändern oder auf die Daten einer anderen App zuzugreifen. Dieser Schutz ist nicht technisch forciert, sondern wird von Apple in den Entwicklerrichtlinien gefordert und (soweit möglich) bei der Einstellung der Programme in den App Store überprüft. Durch diese Vorgaben können Programme einfach und rückstandsfrei vom System entfernt werden. Dies wiederum erhöht die Langzeitstabilität der Plattform.

Die Datei "iTunesMetadata.plist" im Verzeichnis der jeweiligen Applikation enthält alle Informationen, um das Programm in das Menü (Springboard) des iPad zu integrieren und die Updates vom App Store aus zu verwalten (siehe Abb. 7). ".plist"-Dateien (Property List) sind vergleichbar mit ".ini"- oder „.xml"-Dateien, liegen aber in binärer Form als Folge von serialisierten Objekten vor.

```
msg-Automotive-iPad:/var/mobile/Applications root# ls -la FC78C704-5E6E-4633-A9
CB-5F1537A4010A/
total 80
drwxr-xr-x  6 mobile mobile   272 May 29 11:34 .
drwxr-xr-x 25 mobile mobile   850 Jun 13 17:38 ..
drwxr-xr-x  3 mobile mobile   102 Jun 10 02:29 Documents
drwxrwxr-x 18 mobile mobile 20094 May 29 11:34 Keynote.app
drwxr-xr-x  5 mobile mobile   170 Apr 14 15:12 Library
-rw-r--r--  1 mobile mobile 71753 May 29 11:34 iTunesArtwork
-rw-r--r--  1 mobile mobile  1383 May 29 11:34 iTunesMetadata.plist
drwxr-xr-x  2 mobile mobile    68 Jun 13 02:59 tmp
msg-Automotive-iPad:/var/mobile/Applications root#
```

Abb. 6 Das Verzeichnis der App „Keynote" aus dem App Store

```
msg-Automotive-iPad:/private/var/mobile/Applications root# plutil FC78C704-5E6E
-4633-A9CB-5F1537A4010A/iTunesMetadata.plist
{
    artistId = 284417353;
    artistName = "Apple Inc.";
    "buy-only" = 1;
    buyParams = "productType=C&salableAdamId=361285480&pricingParameters=STDQ&pr
ice=9990&ct-id=14";
    "com.apple.iTunesStore.downloadInfo" =        {
        accountInfo =        {
            AccountKind = 0;
            AccountURLBagType = production;
            AppleID =
            CreditDisp
            DSPersonID
        };
        artworkAssetFilename = "361285480-160000633587306.jpg";
        mediaAssetFilename = "361285480-160000633587306.ipa";
        purchaseDate = "2010-05-29T09:28:43Z";
    };
    copyright = "\U00a9 2010 Apple Inc.";
    drmVersionNumber = 0;
    fileExtension = ".app";
    genre = Productivity;
    genreId = 6007;
    itemId = 361285480;
    itemName = Keynote;
    kind = software;
    playlistArtistName = "Apple Inc.";
    playlistName = Keynote;
    price = 9990;
    priceDisplay = "$9.99";
    rating =        {
        content = "";
        label = "4+";
        rank = 100;
        system = "itunes-games";
    };
    releaseDate = "2010-04-01T20:40:46Z";
    s = 143441;
    softwareIcon57x57URL = "http://a1.phobos.apple.com/us/r1000/003/Purple/7b/69
/f8/mzl.oamjrwzm.png";
    softwareIconNeedsShine = 0;
    softwareSupportedDeviceIds =        {
        9
    };
    softwareVersionBundleId = "com.apple.Keynote";
    softwareVersionExternalIdentifier = 2623813;
    softwareVersionExternalIdentifiers =        {
        2435471,
        2623813
    };
    vendorId = 2003;
    versionRestrictions = 16843008;
}
msg-Automotive-iPad:/private/var/mobile/Applications root#
```

Abb. 7 Die Datei iTuneMetadata.plist steuert die Softwareverwaltung einer App

Im obigen Beispiel befindet sich dann im Unterverzeichnis "Keynote.app" die eigentliche App. Die "Info.plist"-Datei in diesem Verzeichnis steuert, wie das Programm aufgerufen wird (siehe Abb. 8 und 9).

```
msg-Automotive-iPad:/var/mobile/Applications root# plutil FC78C704-5E6E-4633-A9
CB-5F1537A4010A/Keynote.app/Info.plist
{
    CFBundleDevelopmentRegion = English;
    CFBundleDisplayName = Keynote;
    CFBundleDocumentTypes =      (
            {
            CFBundleTypeExtensions =                  (
                key
            );
            CFBundleTypeIconFile = "KeyDocument.png";
            CFBundleTypeIconFiles =                   (
                "KeyDocument.png",
                "KeyDocument320.png"
            );
            CFBundleTypeName = "Keynote Document";
            LSHandlerRank = Owner;
            LSItemContentTypes =                (
                "com.apple.iwork.keynote.sffkey",
                "com.apple.iwork.keynote.key"
            );
        },
            {
            CFBundleTypeName = "Microsoft PowerPoint presentation";
            LSHandlerRank = Default;
            LSItemContentTypes =                  (
                "com.microsoft.powerpoint.ppt",
                "com.microsoft.powerpoint.pps",
                "org.openxmlformats.presentationml.presentation",
                "org.openxmlformats.presentationml.slideshow"
            );
        }
    );
    CFBundleExecutable = Keynote;
    CFBundleIconFile = "Icon.png";
    CFBundleIdentifier = "com.apple.Keynote";
    CFBundleInfoDictionaryVersion = "6.0";
    CFBundleName = Keynote;
    CFBundlePackageType = APPL;
    CFBundleResourceSpecification = "ResourceRules.plist";
    CFBundleShortVersionString = "1.1";
    CFBundleSignature = "????";
    CFBundleSupportedPlatforms =       (
        iPhoneOS
    );
    CFBundleVersion = 97;
    DTPlatformName = iphoneos;
    DTPlatformVersion = "3.2";
    DTSDKName = "iphoneos3.2";
    LSRequiresIPhoneOS = 1;
    MinimumOSVersion = "3.2";
    UIAppFonts =      (
    );
    UIDeviceFamily =      (
        2
    );
```

Abb. 8 Die Datei „Info.plist" steuert den Aufruf einer App (Teil 1)

```
UIFileSharingEnabled = 1;
UIPrerenderedIcon = 1;
UIStatusBarStyle = UIStatusBarStyleBlackOpaque;
UISupportedInterfaceOrientations =      (
    UIInterfaceOrientationLandscapeLeft,
    UIInterfaceOrientationLandscapeRight
);
UIViewEdgeAntialiasing = 1;
UTExportedTypeDeclarations =     (
        {
        UTTypeConformsTo =              (
            "com.apple.package",
            "public.composite-content"
        );
        UTTypeDescription = "Keynote presentation";
        UTTypeIconFile = "KeyDocument.png";
        UTTypeIconFiles =               (
            "KeyDocument.png",
            "KeyDocument320.png"
        );
        UTTypeIdentifier = "com.apple.iWork.Keynote.key";
        UTTypeReferenceURL = "http://www.apple.com/iwork/keynote/";
        UTTypeTagSpecification =            (
            "public.filename-extension" =           (
                key
            );
        };
    },
        {
        UTTypeConformsTo =              (
            "com.pkware.zip-archive",
            "public.zip-archive",
            "public.composite-content"
        );
        UTTypeDescription = "Keynote presentation";
        UTTypeIconFile = "KeyDocument.png";
        UTTypeIconFiles =               (
            "KeyDocument.png",
            "KeyDocument320.png"
        );
        UTTypeIdentifier = "com.apple.iWork.Keynote.sffkey";
        UTTypeReferenceURL = "http://www.apple.com/iwork/keynote/";
        UTTypeTagSpecification =            (
            "public.filename-extension" =           (
                key
            );
            "public.mime-type" =                    (
                "application/x-iwork-keynote-sffkey"
            );
        };
    }
);
}
msg-Automotive-iPad:/var/mobile/Applications root#
```

Abb. 9 Die Datei „Info.plist" steuert den Aufruf einer App (Teil 2)

Version	Build	Baseband	IPhone Original	IPhone 3G ff.	iPad
initial	1A543a	03.11.02_G	29.06.2007		
1.0.1	1C25	03.12.08_G	31.07.2007		
1.0.2	1C28	03.14.08_G	21.08.2007		
1.1	3A100a, 3A101a		14.09.2007		
1.1.1	3A109a,3A110a	04.01.13_G	27.09.2007		
1.1.2	3B48b	04.02.13_G	12.11.2007		
1.1.3	4A93	04.03.13_G	15.01.2008		
1.1.4	4A102	04.04.05_G	26.02.2008		
2.0	5A347	04.05.04_G, 01.45.00	11.07.2008	11.07.2008	
2.0.1	5B108	04.05.04_G, 01.48.02	04.08.2008	04.08.2008	
2.0.2	5C1	04.05.04_G, 02.08.01	18.08.2008	18.08.2008	
2.1	5F136, 5F137, 5F138, 9M2517	04.05.04_G, 02.11.07	09.09.2008	09.09.2008	
2.2	5G77, 5G77a	04.05.04_G, 02.28.00	21.11.2008	21.11.2008	
2.2.1	5H11, 5H11a, 9M2621a	04.05.04_G, 02.30.03	27.01.2009	27.01.2009	
3.0	7A341	04.05.04_G, 04.26.08	17.06.2009	17.06.2009	
3.0.1	7A400	04.05.04_G, 04.26.08	31.07.2009	31.07.2009	
3.1	7C144, 7C145, 7C146	04.05.04_G, 5.11.07	09.09.2009	09.09.2009	
3.1.2	7D11	04.05.04_G, 5.11.07	08.10.2009	08.10.2009	
3.1.3	7E18	04.05.04_G, 05.12.01	02.02.2010	02.02.2010	
3.2	7B367	06.15.00			03.04.2010
4.0	8A293	05.13.04, 01.59.00		21.06.2010	
4.0.1, 3.2.1	8A306, 7B405	05.13.04, 01.59.00, 06.15.00		15.07.2010	15.07.2010
4.0.2, 3.2.2	8A400, 7B500	05.13.04, 01.59.00, 06.15.00		11.08.2010	11.08.2010

Abb. 10 Die Firmwareupdates der iOS-Geräte (Stand 08/2010)

Die einzelnen Applikationen werden im Rahmen des Approval-Prozesses für den App Store auf Stabilität geprüft. Diese Prüfung ist keine tiefgehende Testphase, gewährleistet aber grundsätzliche Qualität. Wenn eine App abstürzt, so sorgt das zugrunde liegende Unixsystem dafür, dass die Stabilität des Gesamtsystems erhalten bleibt. Die einzelnen Apps werden immer wieder angepasst. Bisher war die iOS API immer weitgehend abwärtskompatibel, d.h. auch in neueren Releases des Betriebssystems sind die meisten Apps ohne Update lauffähig. Da oft jedoch neuere Funktionen hinzugefügt werden bzw. neue Geräte dazukommen, werden Apps immer wieder angepasst. Apple selbst bringt durchschnittlich etwa alle zwei Monate ein neues Betriebssystemupdate (= Firmwareupdate) heraus (siehe Abb. 10).

Es gibt keine Garantie, dass alte Geräte für längere Zeit mit Sicherheitspatches versorgt werden. Das Original-iPhone, welches bis Juni 2008 verkauft wurde, wurde am 2.2.2010 zuletzt mit einem Firmwareupdate versorgt – obwohl seit August 2010 ein akutes Sicherheitsproblem für dieses Gerät existiert. Apple veröffentlicht keine End of Life- oder End of Service-Ankündigungen, wie dies im Enterprise-Umfeld üblich ist.

Einbindung des iPad in die IT-Infrastruktur

Der Mehrwert von mobilen Geräten entsteht erst, wenn diese gänzlich in die Infrastruktur des Unternehmens integriert werden und somit der Mitarbeiter einen vollständigen Zugang zu allen Daten und Informationen hat, die für die Geschäftsprozesse relevant sind. Dieser Zugriff ist von essenzieller Bedeutung für Mitarbeiter, die im Außendienst tätig sind – aber auch der Zugang auf die Managementinformationssysteme (MIS) ist für gewisse Benutzergruppen ein nicht zu unterschätzender Vorteil, weil dadurch Entscheidungsprozesse effizienter werden.

State of the Art sind heute bereits die mobilen Zugriffe auf Groupware-Suiten wie Lotus Notes-Server oder Microsoft Exchange-Server, die zur Abbildung der Kommunikationsprozesse in Unternehmen verwendet werden. Über diese werden dem Mitarbeiter Kalenderdaten, E-Mail und auch Adresslisten zur Verfügung gestellt. Eine Erweiterung dieser Serviceangebote erfolgt in der Regel in Bezug auf den Benutzerkontext, d.h. die Außendienstmitarbeiter erhalten zusätzlich noch Zugriff auf die CRM-Systeme (Customer Relationship System) sowie die ERP-Systeme (Enterprise Ressource Planing) des Unternehmens. Dies verdeutlicht, dass oft sensible Daten außerhalb der physikalischen Unternehmensinfrastruktur auf mobilen Endgeräten zur Verfügung gestellt werden müssen. Ein Verlust dieser Daten kann zu einem erheblichen betriebswirtschaftlichen Schaden führen. Weiter können vertrauliche Daten und Informationen auf Datenträgern gespeichert und an Dritte weitergeben werden. Hier wird ein deutlicher Vorteil des iPad sichtbar – zwar können bestimmte Daten lokal über den Zwischenschritt iTunes abgespeichert werden, ein Anschluss weiterer, externer Datenträger ist aber nicht möglich.

Aufbau des Betriebes für das iPad

In der Regel existieren in Unternehmen bereits Vorgaben und Policies, in denen spezifiziert ist, wie Endgeräte in das Unternehmensnetzwerk integriert werden. Dort ist u.a. definiert,

F. Oelmaier et al., *Apple's iPad im Enterprise-Einsatz*, Xpert.press,
DOI 10.1007/978-3-642-15437-9_5, © Springer-Verlag Berlin Heidelberg 2011

- dass auf den Endgeräten ein aktueller Virenscanner installiert ist.
- dass keine unternehmenskritischen Daten lokal auf dem Endgerät gespeichert werden dürfen.
- dass der WLAN-Zugang nur über ein unternehmensspezifisches Zertifikat erfolgen darf.
- dass keine Software durch den Mitarbeiter installiert werden darf.

Bei diesen Vorgaben handelt es sich in der Regel um eine Mischung aus technischen Restriktionen und organisatorischen Verhaltensregeln für den Mitarbeiter. In Bezug auf das iPad müssen vor der Integration weitere Fragenstellungen beantwortet sein:

- Darf der Mitarbeiter auf dem iPad Software aus dem App Store installieren?
- Welche Standarddienste darf der Mitarbeiter nutzen und welche Dienste sollen gesperrt werden?
- Erhält das iPad die gleiche SIM-Karte wie das Mobil-Telefon des Mitarbeiters, oder eine separate SIM?
- Welche Vorgaben existieren im Unternehmen bezüglich der Passwortsicherheit (Länge, Struktur, Gültigkeit, Anzahl der Fehlversuche bei der Eingabe)?
- Nach welcher Zeitspanne soll das iPad automatisch nach der letzten Benutzeraktion gesperrt werden?

Bei der Einbindung von mobilen Geräten in die Infrastruktur des Unternehmens lassen sich die Tätigkeiten in drei Kategorien einordnen: Installation, Konfiguration und Service (siehe Abb. 1).

Die mobile Generation hat die Erwartungshaltung, zu jeder Zeit und an jedem Ort ihren Aufgaben nachgehen zu können. Viele Unternehmen haben sich darauf eingestellt und die Mitarbeiter z.B. mit Smartphones ausgestattet – auf diese Situation musste auch der Betrieb ausgerichtet werden. Aber worin unterscheidet sich der Betrieb von Desktop-Umgebungen und mobilen Umgebungen? Die Komplexität, über die ein mobiles Gerät in das Unternehmen eingebunden ist, ist weitaus höher als bei Geräten, die über ein LAN in das Unternehmensnetzwerk eingebunden sind. Des Weiteren ist die Abhängigkeit von Dritten ein nicht zu unterschätzender Faktor – die Mobilgeräte sind über Mobilfunknetze und ggf. zwischengeschaltete Komprimierungs- und Verschlüsselungsdienste der jeweiligen Hersteller an das Unternehmens-LAN angeschlossen (siehe Abb. 2).

Ist das Mobilgerät in die Unternehmensinfrastruktur eingebunden, erfolgt die Übergabe an den Betrieb. Die Betriebsübergabe sowie der eigentliche Betrieb (siehe Abb. 4) sind in der Regel bereits im Unternehmen implementiert, müssen aber für die Integration des iPad angepasst werden. Als Standard für den Betrieb hat sich mittlerweile die IT Infrastructre Library (ITIL) durchgesetzt. ITIL ist ein internationaler Standard, um Serviceprozesse in einem Unternehmen anhand von Best-Practice-Ansätzen zu implementieren. ITIL bietet ein herstellerunabhängiges Prozessframework für die Konzeption, die Steuerung, die Erbringung und Optimierung von Serviceprozessen. ITIL liegt aktuell in der Version 3 vor und

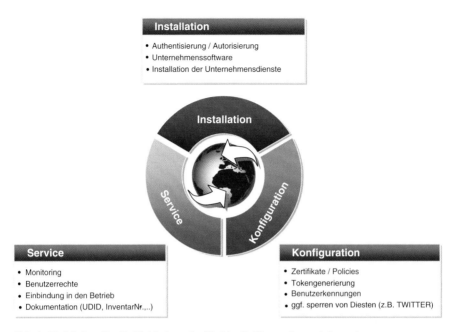

Abb. 1 Tätigkeiten für die Einbindung des iPad in die Unternehmensinfrastruktur

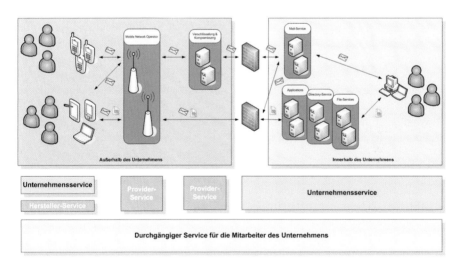

Abb. 2 Einbindung mobiler Geräte in die Unternehmensinfrastruktur

lässt sich in fünf Kernelementen darstellen, die den Service-Life-Cycle beschreiben (siehe Abb. 3).

Für den Betrieb von mobilen Umgebungen ist es von entscheidender Wichtigkeit, dass die Endgeräte „over the air" (OTA) administriert und ausgerollt werden können

Servicestrategie (Service Strategy)	1	■ Grundsätzliche, konzeptionelle und strategische Ausrichtung der IT-Dienstleistung ■ Fokus auf den finanziellen und organisatorischen Rahmenparameter
Serviceentwurf (Service Design)	2	■ Operationalisierung der Servicestrategie ■ Definiert die grundlegende Architektur der Services (Policies, Portfolio)
Serviceüberführung (Service Transition)	3	■ Sicherstellung des IT-Services zu dedizierten Zeitpunkten ■ Koordiniertes und Abgestimmtes Ausrollen des IT-Services
Servicebetrieb (Service Operation)	4	■ Eigentlicher Prozess für die Leistungserbringung gegenüber dem Kunden ■ Sicherstellung des effizienten und effektiven Betriebes
Kontinuierliche Serviceverbesserung (Continual Service Improvement)	5	■ Erkennen und Umsetzung von Verbesserungen des IT-Services ■ Kontinuierlicher Abgleich mit den aktuellen Businessanforderungen

Abb. 3 ITIL-Kernelemente

und somit kein Synchronisationspunkt (z.B. Desktop-PC) im Unternehmens-LAN notwendig ist. Die OTA-Administration erfolgt in der Regel über Softwarepakete von Drittanbietern (z.B. EQUINUX – TARMAC),[1] auf die der Betrieb zurückgreifen kann. Apple bietet ebenfalls einen Dienst an: Mobile-Me. Dieser Dienst ist aber hauptsächlich auf den privaten Sektor ausgelegt. Beim Einsatz in Enterprise-Umgebungen wird dieser in der aktuell vorliegenden Version nicht empfohlen, da die langfristige Verfügbarkeit des Dienstes (abhängig von der Unternehmenspolitik von Apple) sowie ggf. die Stabilität nicht sichergestellt werden können (z.B. unternehmensinterne Anforderung der Verfügbarkeit von Infrastrukturkomponenten > 99 Prozent). Weiter ist zu beachten, dass unter Umständen unternehmenskritische Daten auf Servern von Apple gespeichert werden.

Wichtig ist in diesem Zusammenhang, dass folgende Daten des Endgeräts bei der Einbindung in das LAN erhoben werden:

- Seriennummer des iPad (Einstellungen → Allgemein → Info)
- Eindeutige Geräte-ID (bei iPad/iPhone die UDID[2])
- SIM-Karten-Nummer (bei den 3G-Geräten)
- Version des Betriebssystems
- Unternehmensinterne Inventarnummer
- Eindeutige Kennung (Stammnummer, Personalnummer usw.) des Mitarbeiters, dem das Gerät übergeben wurde

---

[1] http://www.equinux.com/de/products/tarmac/index.html (zuletzt abgerufen am 12.08.2010).

[2] Bei Apple ist eine App verfügbar, die die UDID per E-Mail versendet. http://itunes.apple.com/de/app/udid-sender/id306603975?mt=8&affId=1825999&ign-mpt=uo%3D6 (zuletzt abgerufen am 12.08.2010).

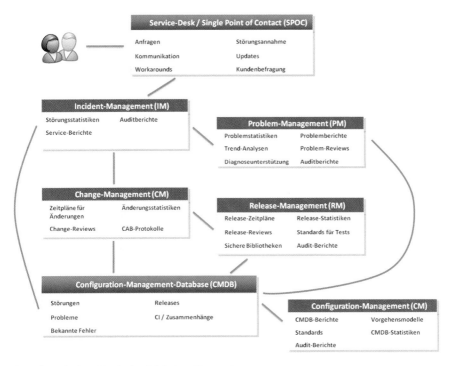

Abb. 4 typischer „Servicebetrieb" eines Unternehmens

Damit eine hohe Verfügbarkeit der iPads im Unternehmen gewährleistet werden kann, ist es empfehlenswert, weitere iPads beim Support vorrätig zu halten. Mit Hilfe dieser Geräte kann z.B. ein erforderliches Firmwareupdate erfolgen, da dies nicht OTA möglich ist. Das Gerät im Support-Center wird mit der neuen Firmware aufgesetzt und auf den Mitarbeiter personalisiert (Einspielen des Profils bzw. manuelle Anpassung). Ist der Mitarbeiter regelmäßig im Unternehmen, kann er das iPad innerhalb kürzester Zeit tauschen; andernfalls wird dem Mitarbeiter per Post das neu aufgesetzte iPad zugestellt. Dieser sendet einfach sein Gerät nach der Synchronisation (u.a. Tausch der SIM-Karte, Einrichtung des persönlichen Zugangscodes, Abgleich der Dokumente mit dem zentralen Web-Share) an den Support zurück.

Für die Einbindung mobiler Endgeräte wie dem iPad sollte im Unternehmen ein Mobile-Device-Managementprozess eingeführt werden. Dieser Prozess ist wiederum eine Erweiterung der ITIL-Prozesse auf allen Ebenen. Der Mobile-Device-Management-Prozess stellt in der minimalen Ausprägung sicher, dass:

- Daten auf dem Endgerät nur verschlüsselt abgespeichert werden.
- ein zyklischer Back-Up der Daten erfolgt (ohne aktive Unterstützung des Endanwenders)

- der Service-Owner das Endgerät bei einem möglichen Verlust oder Diebstahl remote sperren kann (sogenannter „Lock-Down").
- bei vollständigem Verlust der Service-Owner die Daten remote endgültig löschen kann (sogenannter „Device-Wipe").
- Mitarbeiter keinen Jailbreak vornehmen dürfen.

Ein weiterer wichtiger Aspekt ist die IT-Compliance, die für die Einhaltung der unternehmensinternen, aber auch gesetzlichen Rahmenbedingungen in der IT-Landschaft Sorge trägt. Da die Unternehmen einer Vielzahl von rechtlichen Verpflichtungen unterliegen, deren Nichteinhaltung zu empfindlichen Geldstrafen führen kann, ist darauf ein besonderes Augenmerk zu richten.

Im Unternehmen existieren in der Regel bereits Compliance-Anforderungen, in denen Vorgaben zu den Themen Datenschutz, Informationssicherheit, Verfügbarkeit und Datenaufbewahrung formuliert sind – diese sind bei der Einführung des iPad auf die Anwendbarkeit auf das Gerät zu prüfen und ggf. zu ergänzen bzw. anzupassen.

Vorgehen beim Aufsetzen eines iPad für Enterprise-Umgebungen

Das iPad wird mit einer Standardkonfiguration ausgeliefert, die primär auf den privaten Sektor ausgelegt ist. Bei der Integration des iPad in eine Unternehmensinfrastruktur sind gewisse Anpassungen dieser Konfiguration notwendig. Dazu sollte zuerst eine klare Idee entwickelt werden, wie das iPad in die Unternehmensinfrastruktur integriert werden soll (siehe Abb. 5). Dieser Plan wird dann mit einer iPad-Konfiguration umgesetzt. Diese Konfiguration wird „Profile" genannt und kann für den Einsatz des iPad neu erstellt oder aber von vorhandenen Infrastrukturkomponenten übernommen werden. Apple unterstützt dabei u.a. die Transformation von Profile-Einstellungen von Microsoft Exchange, d.h. die Policies werden OTA an das iPad übertragen. Werden nur wenige iPads im Unternehmen eingesetzt, so ist abzuwägen, ob der Rolloutverantwortliche jedes iPad manuell konfiguriert oder aber ein Profile-Script erstellt wird, das an alle iPads bei der Integration in die Unternehmensinfrastruktur übertragen wird. Die Profile-Datei ist ein XML-Script (.mobileconfig), das u.a. folgende Informationen enthält:

- VPN-Verbindungsinformationen
  Das iPad unterstützt aktuell Cisco IPSec, L2TP over IPSec und PPTP virtual private network protocols (VPN).
- WiFi-Verbindungsinformationen
  Das iPad unterstützt WPA/WPA2 sowie 802.1X wireless authentication für den Zugriff auf Funknetzwerke.
- E-Mail-Account des Mitarbeiters
  Es können alle gängigen E-Mail-Dienste angebunden werden – im Unternehmen sind in der Regel Push-Dienste installiert, sodass auf dem Server eingehende E-Mails automatisch auf das iPad übertragen werden.

- Zugriffsinformationen auf den Kalender des Mitarbeiters
  Die Kalender werden über die CalDAV-Schnittstelle oder den Microsoft Exchange Server angebunden
- Zugriffsinformationen auf die Kontaktdaten im Unternehmen
  Die Kontakte können über das Ligthweight Directory Access Protocol (LDAP) angezeigt werden oder den Microsoft Exchange Server angebunden werden.
- Berechtigungen für den Zugriff auf Enterprise-Applikationen

Nach der Erstellung des Profile-Scripts sollte dieses verschlüsselt und signiert werden, sodass ein Dritter das Script nicht lesen und ändern kann. Des Weiteren kann für das Profil ein „Lock"-Status gesetzt werden, sodass dieses beim Device-Wipe nicht gelöscht wird. Neben der OTA-Verteilung kann der Systemadministrator das Profil auch über einen Webserver oder per E-Mail zur Verfügung stellen. Wird das Script z.B. per E-Mail verteilt, muss der Mitarbeiter das Profil selbst installieren (auf das Script tippen und „Installieren" auswählen). Ein auf dem iPad vorhandenes Profil kann nicht geändert werden – das aktuelle Profil muss gelöscht und das neue Profil hinzugefügt werden (über „Einstellungen" →„Allgemein" →„Profil" und Auswahl des Konfigurationsprofils – im Anschluss muss dann auf „Entfernen" getippt werden). Werden die iPads primär für den Außendienst eingesetzt, ist ein zentrales Profil ebenfalls empfehlenswert, da dieses OTA übertragen werden kann und der Mitarbeiter nicht bei jeder Anpassung das iPad zum Unternehmenssupport

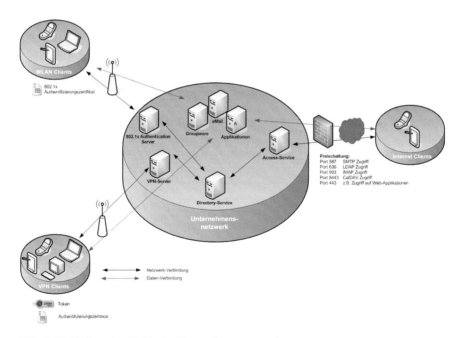

Abb. 5 Einbindung des iPad in das Unternehmensnetzwerk

bringen muss. Sowohl für die Aktivierung von 3G-Geräten (mit SIM[3]) als auch Wi-Fi-Geräten muss der Supportverantwortliche auf einem Laptop oder Desktoprechner iTunes (ab Version 9.1) installiert haben – nur darüber ist eine Aktivierung des iPad möglich; aktuell unterstützt eine iTunes-Installation nur maximal fünf iPads. Bei der Aktivierung des iPad kann die Registrierung übersprungen werden – dies ist zu empfehlen, da Apple nicht wissen muss, welcher Mitarbeiter im Unternehmen welches iPad nutzt. Da das iPad keine Benutzerkonten unterstützt, kann ein iPad nur einem Mitarbeiter zugeordnet werden – dies gilt es beim Rollout zu beachten. Sollen unternehmensinterne Applikationen auf das iPad übertragen werden, so ist dies ebenfalls nur über iTunes möglich. Bei den 3G-Geräten wird empfohlen, die SIM-Karte mit einer PIN zu versehen („Einrichten" „Mobile Daten" „SIM-PIN"). Außerdem sollte in Abhängigkeit von gewähltem Mobilfunkvertrag sowie Einsatzgebiet des iPad das Datenroaming aktiviert bzw. deaktiviert werden.

---

[3]SIM = Subscriber Identity Module. **Wichtig**: Für das iPad ist eine Micro-SIM erforderlich!

Apps, HTML5, Virtualisierung und Apple's Kontrolle

Apps, App Store und Kontrolle durch Apple

Applikationen für das iPhone können mit der Apple-Entwicklungsumgebung Xcode entwickelt werden. Die Entwicklungsumgebung kann kostenlos nach der Registrierung mit einer Apple-ID (wie sie auch in iTunes benötigt wird) heruntergeladen werden. Es stehen dabei die Sprachen Objective C und Javascript zur Verfügung, auch eine Mischung ist möglich. Es dürfen ausschließlich die von Apple freigegebenen Programmierschnittstellen benutzt werden. Um eine App auf einem iPad zu installieren, muss diese im iTunes App Store angeboten werden. Bevor eine Software jedoch im App Store freigeschaltet wird, wird diese nach den Richtlinien von Apple intensiv geprüft. Damit man Apps vorher testen kann, wird ein Apple-Entwickleraccount benötigt. Dieser kostet 99 US-Dollar im Jahr. Pro Entwickler-Account kann ein Gerät als Testgerät konfiguriert werden, auf dem selbst entwickelte Software installiert werden kann. Unternehmen mit mehr als 500 Angestellten und einer Dun und Bradstreet-Nummer können für 299 Dollar im Jahr dem Entwickler-Programm beitreten und dann beliebig viele Geräte zur Installation eigener, proprietärer Anwendungen konfigurieren.

Die iPad-Plattform ist an sich eine geschlossene Plattform und Apple kontrolliert alle Programme und jeglichen Inhalt, der nativ auf dem iPad läuft. Für den Entwickler heißt dies, dass er sich zuerst mit den rechtlichen Rahmenbedingungen auseinandersetzen muss, die im sogenannten „iPhone/iPad Developer Program License Agreement" – kurz iDPLA[1] – beschrieben sind. Tobias Haar, Syndikusanwalt und Rechtsanwalt mit Schwerpunkt IT-Recht, beschreibt die Vorgaben ausführlich in seinem Artikel auf www.heise.de. Sein Fazit lautet:

> Apple gibt im iDPLA klare Vorgaben für die Entwicklung von iPhone-/iPad-Apps. Wer das plant, sollte sein Konzept noch vor Beginn des Vorhabens auf Vereinbarkeit mit diesen Regeln prüfen. Im Zweifel sollten Juristen und Entwickler zusammenarbeiten, denn die juristischen Aspekte sind eng mit technischen Anforderungen verknüpft. Wichtig sind insbesondere die Regelungen für kostenpflichtige iPhone-Apps. Apple übernimmt über den

---

[1] Das iDPLA ist eigentlich vertraulich. Eine etwas ältere Version steht jedoch bei Wikileaks zur Verfügung: http://wikileaks.org/wiki/Apple_iPhone_SDK_Agreement.

F. Oelmaier et al., *Apple's iPad im Enterprise-Einsatz*, Xpert.press,
DOI 10.1007/978-3-642-15437-9_6, © Springer-Verlag Berlin Heidelberg 2011

App Store die finanzielle Abwicklung, sichert sich aber einen Umsatzanteil von 30 Prozent. Nur durch entsprechende Bewerbung wird eine einzelne App aber auch zum Erfolg werden.

Das Geschäft ist für Apple ohne Risiko, denn der Anbieter muss das Unternehmen von allen Ansprüchen der Nutzer freistellen sowie ihm das Recht zubilligen, Nutzern den Kaufpreis zu erstatten und sich diesen vom Anbieter ersetzen zu lassen. Schließlich darf man nicht übersehen, dass die App Stores teilweise weltweit erreichbar sind. Das birgt insbesondere für Lizenznehmer nicht zu unterschätzende Risiken hinsichtlich nationaler Gesetze und Regelungen. In Bezug auf Steuern gilt, dass man seine Steuerpflicht für jedes Land einzeln prüfen muss. Für die EU und USA führt Apple immerhin Mehrwert- und Vertriebssteuern ab, was den Anbietern das Leben deutlich erleichtert.[2]

Dieses kontrollierte Environment ist im Firmenumfeld nicht wirklich neu. In keiner größeren Firma darf ein Mitarbeiter beliebige Software selbst installieren. Dementsprechend kommt diese strikte Kontrolle dem Firmeneinsatz entgegen – alle Tools für das Management von mobilen Geräten im Firmenumfeld sind grundsätzlich vorhanden. Mit der neuen Version des Betriebssystems iOS 4.0 wird Apple zusätzliche Tools für den Firmeneinsatz des iPad bereitstellen – genauere Details dazu sind aber noch nicht bekannt. Im Lager der Computerexperten gibt es strikte Gegner und glühende Befürworter der harten Kontrolle von Apps:

Es wird eine Art Software-TÜV geben (heute der App-Store und die Genehmigungsrichtlinien). Das wird unumgänglich sein. Als um 1910 in jeder großen Stadt nur 100 Autos fuhren, hielten sich Unfälle durch abenteuerliche Selbstbauten in Grenzen. Aber moderne Städte sind voll von Autos. Wir sind froh, dass es einen TÜV gibt, der dafür sorgt, dass die Bremsen des LKW vor uns auf der Autobahn funktionieren und dass unsere geliebten Beifahrerinnen nicht durch ein rostiges Loch im Boden verschwinden.
Und genau so werden Fachleute dafür sorgen müssen, dass Apps nicht unerlaubt unsere Kontodaten abrufen oder unsere Adresskartei kopieren. Wenn wir wollen, dass der Computer ein Computer für Alle wird, dann muss so etwas wie eine grundlegende Verkehrssicherheit der Programme gewährleistet sein.
Wie auch immer dieser TÜV für Apps aussehen wird und ob man Apple allein die Macht darüber lassen kann, sei dahin gestellt. Aber wir brauchen eine solche Einrichtung.
[...]
Nun, genauso wie meine Großmutter von der guten alten Zeit schwärmt, so werden wir auch schwärmen von der Zeit als Computer noch frei waren, als man jede Software installieren konnte, die man wollte und als Computer noch Männersache waren. Und genau so wie bei meiner Großmutter werden meine Kinder die Augen verdrehen und mich an die Wurmattacken im Internet und an Amoklaufende Flash-PlugIns erinnern.[3]

Mir ist Freiheit wichtiger als Bedienbarkeit. Und das iPad ist ein geschlossenes System, aber manche scheinen ja hier eine 1m² große Zelle zu bevorzugen, wenn nur die Wände hübsch angemalt sind. Ich will keinen „App-TÜV", ich will keine Instanz, die mir vorschreibt, was ich wie auf meinem Rechner zu nutzen habe. Ich will Musik ohne DRM hören und ich will Beta-Versionen irgendwelche Open-Source-Programme ausprobieren. Und ich will meinen Rechner auf meine Bedürfnisse abstimmen können, wie ich will, und nicht wie es ein Unternehmen für richtig hält.
Sicher, solche Rechner haben eine niedrige Schwelle und sind super für Leute, die bisher nichts mit Computern zu tun hatten. Aber ich bin nicht die Masse, ich bin in erster Linie

---

[2] http://www.heise.de/developer/artikel/Was-man-beim-Entwickeln-von-iPhone-Apps-wissen-sollte-1000264.html, zuletzt abgerufen am 22.8.2010

[3] http://applekuchen.wordpress.com/2010/01/31/das-iPad-das-ende-der-oldtimer/.

ein Individuum und daher will ich auch meinen Rechner individuell nutzen können, auch wenn ich dann mal mit Bugs oder Bedienproblemen zu kämpfen habe. Freiheit hat eben manchmal auch ihren Preis.[4]

Es gibt mittlerweile in den USA auch erste kartellrechtliche Untersuchungen, ob Apple's restriktive Lizenzpolitik zulässig ist,[5] und auch in Europa wird die Politik langsam aktiv.[6] In den USA konnte sich Apple bei der Verteidigung der engen Kontrolle der Geräte auf den „Digital Millenium Copyright Act" berufen, der das Umgehen von Sicherungsmaßnahmen eines Unternehmens unter Strafe stellt. Mittlerweile hat der amerikanische Gesetzgeber reagiert und Maßnahmen, die dazu dienen, das eigene Gerät aus der Kontrolle von Apple herauszunehmen, von der Strafbarkeit gemäß dieses Gesetzes ausgenommen.[7]

Webapplikationen

Wir haben zwei Plattformen, die wir unterstützen. Eine ist komplett offen und standardbasiert und das ist HTML5. Wir unterstützen HTML5. Wir haben die beste Unterstützung für HTML5 in der ganzen Welt.
Auf der anderen Seite unterstützen wir eine kontrollierte Plattform, den App Store, wo wir einige Regeln haben.[8]
(Steve Jobs am 7.6.2010 in einem Interview auf der „All things digital"-Konferenz)

Um mehr über HTML5 zu erfahren, muss man sich kurz die Geschichte von HTML ansehen (siehe Abb. 1). Ein HTML 1 hat es nie gegeben. Die erste Version war HTML 2 und erschien im November 1995. HTML 3.2 kam im Januar 1997. Darauf erschien HTML 4 im Dezember 1997 und wurde im Dezember 1999 von HTML 4.01 abgelöst. XHTML 1.0 folgte kurz darauf im Januar 2000. Es existiert zusätzlich noch XHTML 1.1 (erschienen im Mai 2001), was aber seine Probleme hatte, denn es musste als mime-type: application/xml ausgeliefert werden. XHTML 2.0 wurde nie finalisiert, denn es war nicht kompatibel mit XHTML 1.x und hätte als eigenständiger Standard betrachtet werden müssen. Nach vielen weiteren Versuchen, frischen Wind in das Web zu bringen (siehe Web Applications 1.0 und Web Forms 2.0), hat sich das „World Wide Web Consortium", kurz W3C, im Oktober 2006 endlich dazu entschlossen, einen Schritt weiter zu gehen. Dass zwischen HTML und der Zahl 5 dabei kein Leerzeichen steht, ist Absicht und soll

---

[4]Kommentar des Users „AutorIn" zum oben zitierten Artikel, zuletzt abgerufen am 22.8.2010http://applekuchen.wordpress.com/2010/01/31/das-iPad-das-ende-der-oldtimer/#comment-9.

[5]http://www.nypost.com/p/news/business/an_antitrust_app_buvCWcJdjFoLD5vBSkguGO (zuletzt abgerufen am 1.8.2010).

[6]http://www.heise.de/newsticker/meldung/Politik-prueft-Pressefreiheit-im-App-Store-1016107.html (zuletzt abgerufen am 1.8.2010).

[7]http://www.copyright.gov/1201/ (zuletzt abgerufen am 16.8.2010).

[8]http://kara.allthingsd.com/20100607/full-d8-video-apple-ceo-steve-jobs/ (Minute 53:01, zuletzt abgerufen am 1.8.2010, eigene Übersetzung).

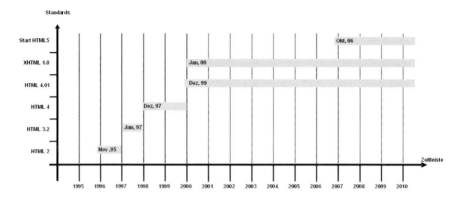

Abb. 1 Die Historie von HTML

verdeutlichen, dass HTML5 nicht einfach nur eine neue Version in der Reihe der HTML-Versionen ist, sondern weitaus mehr: HTML5 ist der Weg in die Zukunft. Die endgültige Version von HTML5 wird im Jahr 2012 erwartet.

Jeremy Keith sagte auf der "an event apart" 2010 in Seattle[9]: „*The web standard process is a lot like sausage, they taste good, but you don't want to see how they're made*".

Der neue HTML5-Standard enthält zusammen mit dem Standard „Cascading Style Sheets" (CSS) in der Version 3 etliche Neuerungen. Diese Neuerungen machen Webapplikationen wesentlich interaktiver. Im Zusammenhang mit diesem Buch ist eine Demonstration entstanden, die ausschließlich auf HTML5 und CSS 3 basiert und bezüglich des „look and feel" nicht von einer nativen App zu unterscheiden ist. Die HTML5-Unterstützung des iPad bietet für Geschäftsapplikationen alles Notwendige. Die fehlenden Aspekte, wie direkter Zugriff auf das Dateisystem, gradgenaues Auslesen der Neigungswinkel des Geräts[10] oder direkter Zugriff auf die 3D-Funktionen des Grafikchips,[11] werden in Geschäftsanwendungen nicht vermisst. HTML5 unterstützt sogenannte „Offline Apps", in denen sämtliche Inhalte, die für die Webseite benötigt werden, auf dem iPad installiert werden. Eine Verbindung zum Webserver ist dann nur noch notwendig, wenn Daten aktualisiert werden müssen. Außerdem bietet HTML5 auf dem iPad eine volle Integration mit beliebigen anderen installierten Apps, wie z.B. dem Excel-Ersatz „Numbers".

HTML5 befindet sich zur Zeit in der Entwicklung. Während alle Browserhersteller versuchen, den aktuellen Entwurf des Standards möglichst gut umzusetzen, ist der Standardisierungsgrad der Plattform noch nicht sehr hoch. Der iPad-Browser „Safari" bietet derzeit eine der besten HTML5-Unterstützungen. Die

---

[9]http://usablewebb.com/2010/04/07/understand-html5-with-jeremy-keith-a-day-apart-seattle/ aufgerufen am 25.08.2010

[10]Eine HTML5-Seite bekommt die Orientierung des Geräts nur in vier Schritten mitgeteilt: 0, 90, 180 oder -90 Grad.

[11]HTML5-Seiten können nur vorgegebene 3D-Funktionen aus den CSS 3-Standards benutzen.

Interoperabilität mit anderen Browsern oder auch mit Safari-Versionen auf anderen Betriebssystemen ist aber nicht besonders gut.[12] Die Stabilität der Plattform HTML5 ist auf dem iPad sehr hoch, die Entwicklung zwar aufwändig, aber an sich unproblematisch. Generell geht die Webentwicklung in Richtung HTML5 und die meisten Browser unterstützen HTML5 bereits sehr gut (siehe Abb. 2)[13]:

In HTML5 können Grafiken auf Basis von Daten eines Servers lokal im Browser generiert werden (siehe Abb. 3 und Abb. 4). Aber auch die Programmierung kompletter Anwendungen ist in HTML5 möglich (siehe Abb. 5).

Summary

Calculation of support of currently displayed feature lists

	Internet Explorer	Firefox	Safari	Chrome	Opera
Two versions back	6.0: 3%	3.0: 42%	3.2: 57%	3.0: 76%	10.1: 51%
Previous version	7.0: 10%	3.5: 70%	4.0: 78%	4.0: 81%	10.5: 71%
Current	8.0: 25%	3.6: 76%	5.0: 86%	5.0: 85%	10.6: 77%
Near Future (2010)	8.0: 25%	4.0: 90%	5.0: 86%	6.0: 89%	10.6: 77%
Future (2011 or later)	9.0: 58%	4.0: 90%	5.*: 88%	7.0: 90%	10.7: 78%

Abb. 2 HTML5-Unterstützung in den Browservarianten [14]

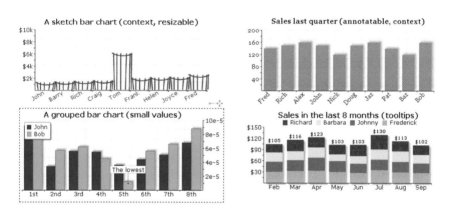

Abb. 3 HTML5-Beispiele von http://www.rgraph.net

---

[12]Safari und Chrome basieren beide auf der Open Source Rendering Engine „Webkit", die hauptsächlich von Apple entwickelt wird.

[13]Vgl. http://www.texaswebdevelopers.com/html5, zuletzt abgerufen am 22.8.2010

[14] http://caniuse.com (zuletzt abgerufen am 22.7.2010).

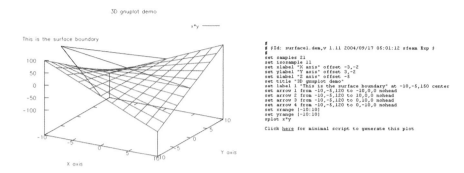

Abb. 4 HTML5-Beispiele von http://gnuplot.sourceforge.net/demo_canvas/surface1.html

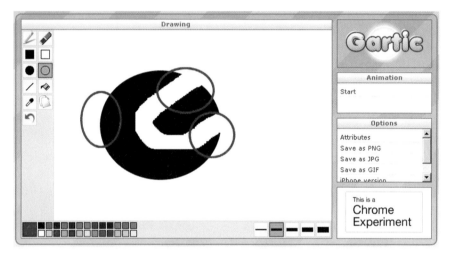

Abb. 5 HTML5-Anwendung von http://www.gartic.com/sketch/

Vergleich: App vs. HTML5 im Enterprise-Kontext

Bei der Entwicklung von Geschäftsapplikationen für den Unternehmenseinsatz steht man vor der Entscheidung zwischen nativer App oder HTML5-„Webseite". Diese Frage lässt sich leicht beantworten: Es gibt für geschäftliche Use-Cases eigentlich kaum einen Grund, diese als native App zu realisieren. Die nachfolgende Aufzählung beschreibt genauer die Vor- und Nachteile von HTML5-Apps und native Apps.

Vorteile von HTML5-Apps

- höhere Kompatibilität zu bestehenden Architektur- und Sicherheitskonzepten (siehe Kapitel Entwicklungsprozess - Design)
- einfachere Softwareverteilung

- Wiederverwendbarkeit von Codefragmenten, Logik und Abläufen des Hauptsystems am PC, sofern diese auf Web-Basis entwickelt wurde
- Keine jährliche 99 EUR Gebühr pro Entwickler bzw. 299 EUR Gebühr pro Unternehmen
- Stabile und Standardisierte, aber noch nicht endgültig finalisierte Entwicklungsumgebung

Nachteile von HTML5-Apps

- Offlinefähigkeit ist nur eingeschränkt gewährleistet
- Know-how in Javascript, CSS3 und HTML5 erforderlich
- Erkennt lediglich die Ausrichtung des iPad (rechts, links, oben, unten) aber nicht die Lage und die Beschleunigung

Vorteile von native Apps

- Apps sind voll offline fähig
- Voller Zugriff auf die 3D-Funktionen und die Grafikbeschleunigung
- Voller Zugriff auf Beschleunigungs- und Lagesensoren sowie das GPS (sofern das iPad GPS besitzt)

Nachteile von native Apps

- Inhalte bestehender Anwendungen müssen erneut programmiert werden (siehe die weiteren Nachteile)
- Entwicklung ist nur auf einem Mac OS X möglich
- Know-how in Objective-C und Cocoa API erforderlich
- Verteilung der App geht nur über den App Store von Apple

Aus Sicht von Wartbarkeit, Entwickelbarkeit sowie den Kosten ist die Entwicklung von Apps auf Basis von HTML5 und CSS3 die wohl beste Alternative. Wenn wirklich ein voller Zugriff auf 3D-Funktionen oder die Beschleunigungssensoren benötigt wird (z.B. zur Visualisierung von CAD-Modellen), kann dieser Teil als native App programmiert und in die HTLM5-Webseite per App-Integration eingebunden werden.

Multichannel-Entwicklungen

Es gibt auf dem Markt etliche Entwicklungsumgebungen, die Multichannel-Fähigkeiten für native Apps versprechen; d.h. der Code, der mit diesen Umgebungen entwickelt wurde, läuft auf verschiedensten Plattformen wie iPhone, iPad, Blackberry, Nokia und teilweise auch noch auf PCs. Meist bringen diese Entwicklungsumgebungen eine umfangreiche Middleware mit, die wichtige Funktionen für alle Plattformen abstrahiert:

- Einheitliche Benutzerauthentifizierung (gegen LDAP, ...) und damit Freischaltung von Applikationen
- Caching von Daten
- Integration von unterschiedlichsten Backend-Schnittstellen (über DB, Webservice, RFC, REST etc.)
- Möglichkeiten für Device-Management (Sperren von Geräten, automatisches Deployment von neuen/geänderten Applikationen)
- Teils tiefe Integration von Backends mit automatischem Einspielen von geänderten Daten

Oft enthalten diese Entwicklungswerkzeuge Unterstützung für Rapid Application Development, damit sich schnelle erste Erfolge realisieren lassen. Neue Gerätetypen werden für den Benutzer meist weitgehend transparent unterstützt. Allerdings legen die meisten Umgebungen einen klaren Fokus auf Smartphones, ein Gerät wie das iPad passt derzeit oft nur eingeschränkt ins Konzept. Eine Multichannel-Entwicklung hat zwei gravierende Nachteile:

- Beim Design einer Anwendung kann nur der kleinste gemeinsame Nenner an Funktionalität von allen Plattformen verwendet werden.
- Eine Optimierung auf das Benutzererlebnis auf einer Plattform ist so gut wie ausgeschlossen.

Demgegenüber steht die Möglichkeit, in einem Unternehmen intern die Geräteauswahl einzuschränken. Auch aus betrieblichen Gründen ist es in einem Unternehmen wünschenswert, möglichst wenig unterschiedliche Gerätetypen im Einsatz zu haben. Auf der anderen Seite scheint sich mit HTML5 die Interoperabilitätsproblematik zumindest im Mobilmarkt gut lösen zu lassen, da die WebKit-basierenden Browser eine dominante Position im Markt der mobilen Geräte haben. Wenn – wie vom Hersteller Research in Motion (RIM) bereits angekündigt – die BlackBerry-Geräte demnächst auch noch mit einem WebKit-Browser ausgestattet werden, dann haben bald rund 85 Prozent der Smartphones einen WebKit-Browser (siehe Abb. 6).

Aufgrund der unterschiedlichen Bildschirmgrößen ist zwar sicherlich weiterhin eine Unterscheidung notwendig, große Teile des Javascript-Codes und die generelle Architektur können aber interoperabel gestaltet werden. Es ist davon auszugehen, dass über kurz oder lang erste Javascript Libraries erscheinen, die verschiedenen Interoperabilitätsfunktionen kapseln. Die Arbeit, ein Gerät interoperabel zu machen, liegt bei HTML5 aufseiten des Geräteherstellers. Die Unterstützung neuer Geräte und Softwareversionen löst HTML5 damit einfacher und eleganter, als dies eine Multichannel-Entwicklungsumgebung für nativen Code könnte. Man kann also davon ausgehen, dass die Portabilität von HTML5-Applikationen vergleichsweise

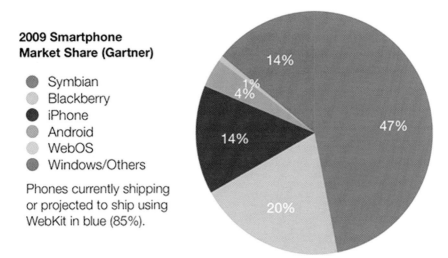

**2009 Smartphone
Market Share (Gartner)**

- Symbian
- Blackberry
- iPhone
- Android
- WebOS
- Windows/Others

Phones currently shipping
or projected to ship using
WebKit in blue (85%).

Abb. 6 Marktanteile der Betriebssysteme[15]

leicht zu erreichen ist, auch wenn weiterhin pro Geräteklasse (Mobiltelefon, iPad, PC) Anpassungen notwendig sein werden.

Virtualisierung über Citrix mit dem iPad

Ein spannendes Thema ist die Frage nach der Virtualisierung mit und auf dem iPad. Um die Antwort auf die Frage „Läuft Windows auf einem iPad?" bereits vorwegzunehmen: Ja, das ist möglich. Mit Citrix kann über das iPad auf Remote-Desktops, Applikationen und Dokumente zugegriffen werden. Alles, was man hierfür benötigt, ist eine Citrix-Infrastruktur und die kostenlose Citrix-Receiver-App aus dem Apple Store. Nachdem die App auf dem iPad installiert wurde, kann man sich mit seinen Citrix-Servern verbinden. Das iPad funktioniert dabei im LAN entweder mit XenDesktop (Windows7, XP oder Vista) oder XenApp (Windows Server 2003, 2008 oder 2008R2). Vom WAN kann man mit dem Citrix-Receiver über das Access Gateway Verbindung in das Unternehmen aufnehmen. Der Receiver funktioniert generell mit allen Access Gateway-Reihen (Standard, Advanced oder Enterprise) und stellt von überall den Zugriff in die Firma her (siehe Abb. 7).

Sobald man angemeldet ist, kann ein Programm gesucht und ausgewählt werden. Die iPad-Tastatur lässt sich dabei wie gewohnt benutzen. Auch in den Applikationen, die über Virtualisierung bereitgestellt wurden, werden Eingaben

---

[15]http://radar.oreilly.com/2010/05/mobile-operating-systems-and-b.html (zuletzt abgerufen am 16.8.2010).

Abb. 7   Citrix Receiver App

über die iPad-Tastatur gemacht. Man muss allerdings beachten, dass das Tastaturlayout in der virtuellen Maschine englisch ist, damit die Receiver-Tastatur auch die richtigen Zeichen in der Sitzung anzeigen kann. Die Bedienung der Citrix-Sitzungen erfolgt im iPad-Stil mit Gesten. So kann in den Applikationen und Desktops über den Citrix-Receiver die Anzeige mit Multitouch vergrößert und verkleinert werden. Über einfache Touch-Gesten können z.B. Mausklicks simuliert werden.

Das Thema Maus in der Citrix-Receiver-App stellt einen weiteren interessanten Aspekt dar. Die Bedienung von Windows auf dem iPad ohne Maus ist analog zur Bedienung von Windows auf einem Tablet-PC. Für iPhone-Besitzer gibt es jedoch eine geniale Lösung: Das iPhone wird als TrackPad verwendet. Man muss hierzu die Citrix-Receiver-App auf beiden Geräten installiert haben und Bluetooth oder WLAN müssen bei beiden aktiviert sein. Auf dem iPhone kann das Maussymbol am rechten unteren Rand betätigt werden. In einer Anwendung, die über den iPad-Receiver gestartet wurde, wird im Receiver-Menü die Auswahl „Pair" vorgenommen. Auf dem iPhone muss der Verbindungsaufbau noch bestätigt werden, dann erhält man in der iPad-Receiver-Applikation einen Mauszeiger und kann diesen über die iPhone-Oberfläche mit Fingergesten steuern.

Mit der Citrix-Receiver-App und einer Citrix-Infrastruktur im Unternehmen können alle Inhalte bisheriger Applikationen auf ein iPad übertragen werden. Der größte Vorteil dieser Technologie besteht darin, dass bereits bestehende Applikationen ohne viel Aufwand auf das iPad transferiert werden können und somit die Funktionalität im mobilen Umfeld genutzt werden kann. So können z.B. Versicherungsverträge direkt beim Kunden ohne lästige Formulare in Papierform abgeschlossen werden oder Krankenakten von Ärzten direkt beim Patienten eingesehen werden. Die Vielzahl der Einsatzmöglichkeiten ist hier unbegrenzt.

Man darf allerdings nicht vergessen, dass Applikationen, die ohne Anpassung an die Displayauflösung und die Möglichkeiten eines iPads (Gestensteuerung, Metaphern, keine Standardorientierung usw.) auf diesem dargestellt werden, eventuell als nicht attraktiv und altmodisch empfunden werden. Wenn man die vollen Vorzüge des iPad ausschöpfen möchte, sollte man sich überlegen, wie eine Applikation auf dem iPad auszusehen hat. Hierbei ist allerdings der Ansatz mit Citrix nicht zielführend und man muss sich auf die Entwicklung von iPad-Applikationen einstellen. Die nächsten Kapitel beschreiben alle wichtigen Gesichtspunkte für ein solches Vorhaben.

Einen ähnlichen Einsatzzweck verfolgt das ebenfalls bereits auf das iPad portierte VNC, welches aber eher für die Remote-Administration vorgesehen ist.

Entwicklungsprozess – Anforderungsanalyse

Wie in den vorigen Kapiteln dargestellt, wird im Folgenden von einer Realisierung der iPad-Apps mittels HTML5 ausgegangen. Eine solche Realisierung bietet einem Unternehmen viele Vorteile in Sachen Interoperabilität und bringt keine wesentlichen Einschränkungen mit sich. Die Überlegungen der Kapitel rund um den Entwicklungsprozess sind aber durchaus auch auf die Entwicklung von nativen Apps anwendbar.

Im Rahmen jedes Entwicklungsprozesses, egal ob Rational Unified Process [RUP], OpenUP, V-Modell, V-Modell XT oder den agilen Methoden, gilt es Aktivitäten um die Anforderungen an die Software aufzunehmen und in den Code zu transferieren. Will man der Usability und dem Erlebnischarakter einer Applikation mehr Aufmerksamkeit schenken, so ist dies die richtige Stelle, um in den Prozess einzugreifen. Das folgende Kapitel stellt die Änderungen beispielhaft am Software-Entwicklungsprozess „PROFI" (Prozessrahmen für IT-Projekte) der msg systems ag dar. Dieser Entwicklungsprozess ist angelehnt an RUP. Das msg.PROFI-Fachgebiet „Anforderungsanalyse" besteht aus mehreren Aktivitäten und liefert daraus unterschiedliche Ergebnisse. Bei der Entwicklung von iPad-Apps müssen einige Aktivitäten verfeinert und angepasst werden. Zudem entstehen neue Ergebnisse durch diese Anpassung. Die Abb. 1 zeigt die einzelnen Aktivitäten und den zeitlichen Ablauf. Die dabei erzeugten Ergebnisse sind in Abb. 2 dargestellt.

Die folgenden Unterkapitel beschreiben die Anpassungen an den Aktivitäten der Anforderungsanalyse und die daraus resultierenden zusätzlichen Ergebnisse.

Aktivität „Facharchitektur erarbeiten"

In dieser Aktivität wird die Strukturierung des Systems mittels fachlicher Modelle als Grundlage für die zukünftige Softwarearchitektur erarbeitet. Als Ergebnisse entstehen hierbei das Anwendungsfallmodell und das Domänenmodell. Für die Verwendung des iPad als zusätzliches Endgerät, welches neue Anwendungsfälle ermöglicht, werden die zusätzlichen Anwendungsfälle hier fachlich definiert.

F. Oelmaier et al., *Apple's iPad im Enterprise-Einsatz*, Xpert.press,
DOI 10.1007/978-3-642-15437-9_7, © Springer-Verlag Berlin Heidelberg 2011

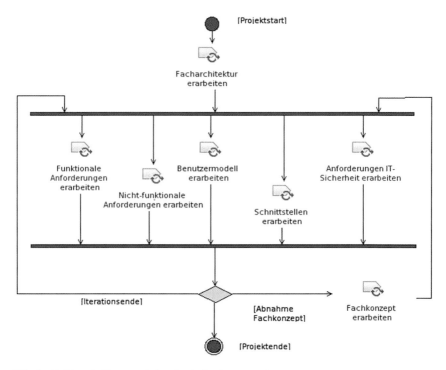

Abb. 1 Abfolge der Prozessschritte der Anforderungsanalyse

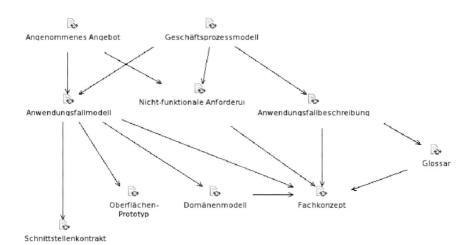

Abb. 2 Ergebnisse der Anforderungsanalyse

Aktivität „Funktionale Anforderungen erarbeiten"

Die funktionalen (fachlichen) Anforderungen an das zu erstellende IT-System werden analysiert, spezifiziert und abgestimmt. Um zielgerichtet und effizient ein IT-System zu entwickeln, das die funktionalen Anforderungen des Kunden erfüllt, müssen diese – zusammen mit dem Kunden – sorgfältig erarbeitet werden. Als sehr gute Methode hierfür eignet sich die „Anwendungsfallgetriebene Anforderungsanalyse", da sie von den Nutzern des Systems ausgeht. Dies können menschliche Nutzer oder auch anzubindende umliegende Systeme sein. Die funktionalen Anforderungen an das System werden in msg.PROFI mittels Akteuren und Anwendungsfällen spezifiziert. Dazu wird ein Anwendungsfallmodell und je Anwendungsfall (use-case) eine Anwendungsfallbeschreibung erstellt.

Außerdem wird für jeden Anwendungsfall erfasst, wie häufig er pro Jahr durchgeführt wird und wie viel Zeit ein Benutzer mit der Durchführung vor dem Computer verbringt (Nutzungszeit je Anwendungsfall und Jahr). Ein Anwendungsfall, der je Benutzer einmal am Jahresende und von insgesamt 100 Mitarbeitern durchgeführt wird und pro Benutzer fünfzehn Minuten Arbeit am Computer bedeutet, hat eine Nutzungszeit von 1 500 Minuten. Ein Anwendungsfall, der von zehn Benutzern jeweils durchschnittlich zweimal wöchentlich für 40 Minuten ausgeführt wird, hat eine Nutzungszeit von 41 600 Minuten ($2 \times 10 \times 52 \times 40$). Aus diesen Daten werden dann die Anwendungsfälle abgeleitet, die 80 Prozent der Gesamtnutzungszeit des IT-Systems darstellen. Für jeden dieser Anwendungsfälle wird eine Realisierung als iPad-App mit dem Kunden durchgesprochen. Wichtig ist dabei, die Funktionsvielfalt zu verschlanken; typischerweise wird aus jedem Anwendungsfall eine eigene App entstehen. Einen guten Ansatzpunkt liefert ein Blick auf das Berechtigungssystem: Nur wenn zwei Anwendungsfälle den gleichen Anwenderkreis haben und die gleichen Daten nutzen, kann man überlegen, diese in eine App zusammenzufassen.

Aktivität „Nicht-funktionale Anforderungen erarbeiten"

Die nicht-funktionalen (technischen) Anforderungen an das zu erstellende IT-System werden in dieser Aktivität analysiert, spezifiziert und abgestimmt. Folgende Aspekte werden hierbei als nicht-funktional betrachtet:

- Benutzerfreundlichkeit
- Effizienz
- Wartbarkeit
- Zuverlässigkeit
- Übertragbarkeit
- Betrieb

Diese Aspekte werden bezüglich der definierten Anwendungsfälle für das iPad gesondert betrachtet und spezifiziert. Besonders die Benutzerfreundlichkeit steht bei der Konzeption von iPad-Anwendungsfällen im Vordergrund. Hierbei werden alle Bedienphilosophien zur Hilfe genommen, welche bereits im Kapitel Bedienphilosophie beschrieben wurden.

Aktivität „Benutzermodell erarbeiten"

Ziel dieser Aktivität ist die Erstellung eines Benutzermodells des Systems. Dazu gehören Prototypen der Benutzeroberfläche, eine (formale) Spezifikation der Benutzeroberfläche sowie ein Rollen- und Rechtekonzept. Da die einzelnen Anwendungsfallbeschreibungen zwar die fachlichen Abläufe, jedoch keine Details der Benutzeroberfläche oder ein komplettes Berechtigungskonzept beschreiben, wird zusätzlich ein Benutzermodell benötigt, das aus folgenden Teilen besteht:

- Erarbeitung eines Storyboards für jede iPad-App
- Ggf. Oberflächen-Prototyp für jede iPad-App, meist mit Powerpoint, HTML-Editor, Visio etc. erstellt
- Berechtigungskonzept für alle iPad-Apps, bestehend aus der Spezifikation von Benutzerrollen und deren jeweiligen Rechten

Aktivität „Schnittstellen erarbeiten"

Für den Fall, das iPad-Apps zusätzliche Funktionen von Drittsystemen benötigen, müssen klar abgegrenzte Schnittstellen und Protokolle definiert werden. Hierbei wird für jedes anzubindende externe System eine separate Vereinbarung erstellt, in der die mit den Verantwortlichen für das jeweilige externe System gemeinsam festzulegenden Schnittstellen dokumentiert werden. Im Rahmen der Anforderungsanalyse wird nur der funktionale Teil der jeweiligen Schnittstelle spezifiziert (Beantwortung der Frage: Was wird über die Schnittstelle ausgetauscht?). Im Rahmen des Designs wird die technische Realisierung der Schnittstelle beschrieben (Beantwortung der Frage: Wie findet der Austausch statt?).

Aus Sicht der Autoren wird es nur in seltenen Fällen zusätzliche Systemschnittstellen geben, die ausschließlich von Apps auf dem iPad genutzt werden.

Aktivität „Anforderungen IT-Sicherheit erarbeiten"

Für alle neuen Anwendungsfälle auf dem iPad müssen die üblichen IT-Sicherheitsfragen beantwortet werden. Dabei ist es nicht das Ziel, möglichst viel Sicherheit zu verbauen, da dies aus ökonomischer Sicht unsinnig ist. Ziel ist es vielmehr, dem Kunden die Sicherheit zu liefern, die er benötigt. Da das

Thema IT-Sicherheit im gesamten Bereich der mobilen Geräte und speziell beim Unternehmenseinsatz des iPad sehr sensibel ist, widmet sich im Folgenden ein spezielles Kapitel diesem Thema.

Ergebnis „Storyboard für eine iPad-App"

Wenn ich die Menschen gefragt hätte, was sie wollen, hätten sie gesagt: schnellere Pferde. (Henry Ford)

Es ist die Aufgabe des IT-Experten, die Innovationen und Neuerungen, die iPad und HTML5 bieten, für den Benutzer aufzubereiten. Es kann nicht sein, dass die Benutzer neue Ideen selbst haben müssen, um bessere Software zu bekommen. Um das tun zu können, ist für den Experten zur Erarbeitung eines Storyboards die Kenntnis der Arbeitsweise der Benutzer essenziell. Wichtig ist dabei, die Analyse des Nutzerverhaltens nicht allein auf eine Befragung zu beschränken. Zumindest das stille Beobachten des Nutzers, während er den Anwendungsfall mit dem bisherigen System ausführt, ist als Minimum zusätzlich zur Befragung notwendig. Erst so erhält der IT-Mitarbeiter einen echten Eindruck von der Arbeitsweise eines Benutzers. Noch besser ist es, die Benutzer zu provozieren, das eigene Verhalten zu hinterfragen (z.B. fünf Mal „Warum?" fragen) und für eine Woche in die Haut des Nutzers zu schlüpfen und die Arbeit selbst zu verrichten (siehe Abb. 3).

Mindestens zwei, jedoch höchsten vier IT-Experten versuchen, auf diese Art einen Zugang zur täglichen Arbeit des Kunden mit dem künftigen IT-System zu erhalten. Diese IT-Experten erarbeiten dann – gerüstet mit ihren Erfahrungen – für

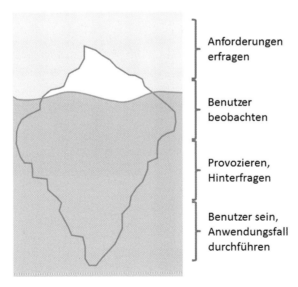

Abb. 3 Tiefgehende Anforderungsanalyse

jeden der iPad-Anwendungsfälle ein Storyboard. Das Storyboard wird in einem gemeinsamen Workshop ohne Computer, dafür mit vier Packungen Buntstiften und ausreichend DIN-A4-Blättern, mit einem iPad-Rahmen grafisch entworfen. Zur Inspiration werden Sekundärliteratur und Screenshots von gelungen iPad-Anwendungen ausgelegt. Einige Beispielergebnisse dieses Vorgehens finden sich in Abb. 4 bis Abb. 7.

Abb. 4 Entwurf und Realisierung eines Menüs (Breitformat)

Abb. 5 Entwurf und Realisierung eines Menüs (Hochformat)

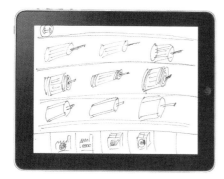 

Abb. 6 Entwurf und Realisierung eines Auswahldialogs

Abb. 7 Entwurf und Realisierung einer Grafikansicht mit Filtermöglichkeit

Ergebnis „Fachkonzept"

Das Fachkonzept wird um alle Inhalten ergänzt, die zusätzlich für das iPad in den zuvor beschriebenen Aktivitäten entstanden sind, und dient somit als Grundlage für das technische Design.

Entwicklungsprozess – Design

Für die Realisierung von iPad-Apps müssen, wie bei normalen Applikationen auch, verschiedene Architektursichten erstellt oder bereits vorhandene Architektur-beschreibungen um iPad-spezifische Inhalte erweitert werden. In diesem Kapitel werden Beispiele einer Realisierung der iPad-Apps mittels HTML5 gezeigt. Das Vorgehen für die Integration von Geschäftsfunktionen in native Apps ist analog.

Systemarchitektur

In nahezu jedem Unternehmen sind bereits Web-Applikationen im Intranet im Einsatz. Moderne Web-Applikationen haben eine Drei-Schicht-Architektur, die konzeptionell meist etwa so aussieht wie in Abb. 1 dargestellt.

Mit einer HTML5-iPad-App ändert sich diese Architektur faktisch nicht, denn es kommt lediglich ein neuer Client hinzu (siehe Abb. 2).

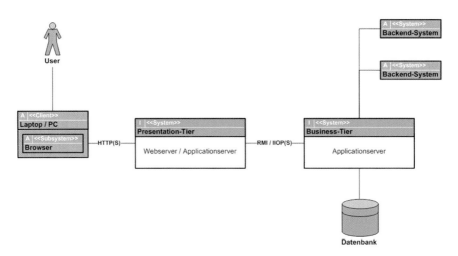

Abb. 1 Typische Drei-Schicht-Architektur

F. Oelmaier et al., *Apple's iPad im Enterprise-Einsatz*, Xpert.press, DOI 10.1007/978-3-642-15437-9_8, © Springer-Verlag Berlin Heidelberg 2011

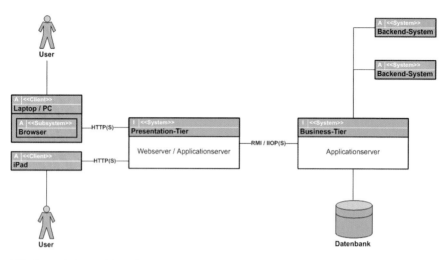

Abb. 2 Typische Drei-Schicht-Architektur mit iPad-Client

Sämtliche Architekturüberlegungen rund um nicht-funktionale Anforderungen wie Verfügbarkeit, Wartbarkeit etc., die ein Unternehmen bereits angestellt hat, behalten damit weiterhin Gültigkeit. Dies gilt ebenso für funktionale Themen wie Internationalisierung und Entscheidungen bezüglich einzusetzender Frameworks und Libraries (Logging, Exception etc.). Sicherlich macht es Sinn, für die HTML5-Programmierung neuere oder andere Tools, Bibliotheken und Frameworks einzusetzen, dies gilt aber unabhängig vom iPad für alle HTML5-Webseiten.

Unternehmensarchitektur

In der heutigen IT-Landschaft werden im Rahmen der Unternehmensarchitektur Geschäftsprozesse in IT-Systemen abgebildet. Ein IT-System soll dabei meist einen vergleichsweise umfangreichen Gesamtprozess abdecken. Dies erhöht die Wiederverwendungsquote im Source Code und erlaubt durch den größeren Projektumfang günstigere Konditionen in einer Ausschreibung. Auf der anderen Seite führt das auch dazu, dass eine Client-Software bzw. ein User Interface eine große Anzahl von Einzel-Use-Cases enthält. Zusammen mit der Anforderung, auch am Client möglichst viel Code wiederzuverwenden, führt dies konzeptionell zu komplexen und überladenen Benutzerschnittstellen. Natürlich wird die für den einzelnen Benutzer sichtbare Funktionsvielfalt durch die Berechtigungssteuerung begrenzt, das User Interface ist aber meist nicht auf einen bestimmten Use-Case zugeschnitten (z.B. indem eine adäquate Metapher aus der wirklichen Welt gesucht wurde, siehe Unterkapitel *Metaphern verwenden*).

Bestes Beispiel für diese Tendenz ist das SAP-System. Die GUI des SAP-Systems sieht optisch für alle Use-Cases gleich aus und vereint alle Funktionen unter einem Dach. Selbst Mitarbeiter, die nur wenige Aufgaben mit dem SAP-System erledigen müssen, werden mit der gesamten Komplexität einer das ganze Unternehmen steuernden ERP-Software konfrontiert. Zusammenfassend lautet das aktuell in der Software-Entwicklung verwendete Paradigma: Möglichst wenig, aber dafür große IT-Systeme zur Unterstützung eines Geschäftsprozesses, pro IT-System ein User Interface bzw. ein Client. Obwohl auch im Zusammenhang mit konventionellen Applikationen sinnvoll, ist die Auflösung dieses Paradigmas jedoch im Zusammenhang mit iPad-Apps Pflicht.

Softwarearchitektur

Aufgrund der Auflösung des oben genannten Paradigmas sind die Auswirkungen auf die Softwarearchitektur von iPad-Apps deutlich komplexer. Die „übliche" Webapplikation, die sämtliche Use-Cases der Applikation abdeckt, kann nicht 1:1 auf das iPad übertragen werden. Wie zuvor bereits beschreiben, wird für alle Use-Cases der Applikation die Nutzungsdauer pro Jahr ermittelt. Für die erfahrungsgemäß 20 Prozent der Use-Cases, welche 80 Prozent der Nutzungsdauer abdecken, wird überlegt, ob eine iPad-App sinnvoll ist. Dabei gilt generell, dass pro Use-Case eine eigene iPad-App erstellt wird, die eine eigene Metapher aus der wirklichen Welt hat und ein eigenes, speziell für diesen Use-Case optimiertes Benutzerinterface. Damit sollte bereits auf der Ebene des Presentation-Tiers eine sinnvolle Trennung in die einzelnen Use-Cases unabhängig von der Art des User Interfaces etabliert werden. Abbildung 3 zeigt die Priorisierung der einzelnen Use-Cases nach ihrer Nutzungsdauer, die Anbindung aller Use-Cases über die Hauptoberfläche des Laptops oder PCs und die Anbindung der wichtigsten Use-Cases auch über ein iPad, aber mit einer eigenen Presentation-Tier-Schnittstelle.

Serviceorientierte Architekturen

In modernen, serviceorientierten Architekturen gestaltet sich die Einbindung ähnlich der Abb. 3. Hier besitzt wieder jede iPad App eine eigene Presentation-Tier-Komponente, welche dann die von der Orchestrierung bereit gestellten SOA-Services nutzt. Im einfachsten Fall entspricht jeder Use-Case einem Service. Es wird jedoch wahrscheinlicher sein, dass eine Presentation-Tier-Komponente einen Ablauf steuert und verschiedene SOA-Services in einer definierten Ablauffolge benutzt. In einer solchen Struktur können iPad-Apps einfach hinzugefügt werden und entkoppelt von der Web-GUI des Systems gepflegt, gewartet und betrieben werden (siehe Abb. 4). In einer komplett service-orientierten Architektur kann ein Unternehmen unabhängig von bereits bestehender Software beginnen, die wichtigsten Dienste auf das iPad zu portieren. Die meiste Arbeit wird in der Realisierung der Presentation-Tier-Komponenten anfallen, welche die SOA-Services ansteuern und die grafische Oberfläche für das iPad bereitstellen müssen.

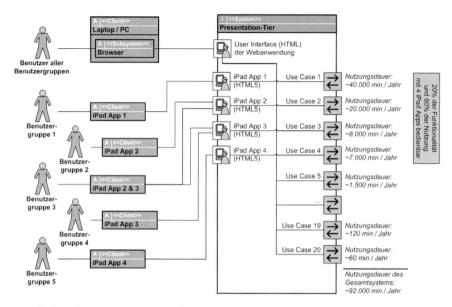

Abb. 3 Aufteilung des Presentation-Tiers in mehrere Apps

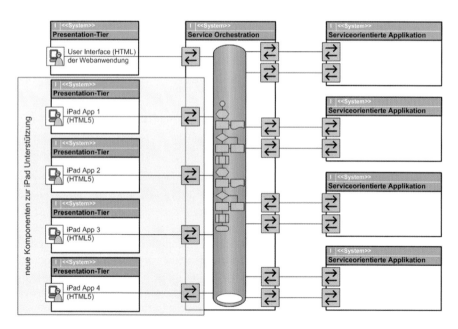

Abb. 4 iPad-Integration in eine SOA-Umgebung

Übergreifende Konzepte

In der Designphase müssen übergreifende Konzepte behandelt werden. Themen wie Performance, Internationalisierung und Logging werden hierbei genauestens untersucht und definiert. Das Thema Performance ist für die Entwicklung von iPad-Web-Applikationen besonders wichtig. Selbst wenn man keine offline-fähige Web-Applikation mit HTML5 baut, kann man die Features von HTML5 diesbezüglich nutzen. Durch die Verwendung einer Manifest-Datei im HTML-Tag können bestimmte Webkomponenten (Bilder, CSS- oder Javascript-Dateien) gecacht und somit unnötige Ladezeiten minimiert werden. Bei der Verwendung einer HTML-Manifest-Datei ist zu beachten, dass die angegebenen Dateien zunächst dem Inhalt des Servers vorgezogen werden, d.h. neuere Inhalte werden erst bei einem expliziten Refresh der Seite aktualisiert. Es ist ratsam, dass nur Dateien im Manifest stehen, die sich mit sehr geringer Wahrscheinlichkeit ändern werden.

Eine Manifest-Datei wird innerhalb der HTML-Seite angegeben:

```
<!--clock.html-->
<!DOCTYPE HTML>
<html manifest="clock.manifest">
<head>
<title>Clock</title>
<script src="clock.js"></script>
<link rel="stylesheet" href="clock.css">
</head>
<body>
<p>The time is: <output id="clock"></output></p>
</body>
</html>
```

Der Aufbau der Manifest-Datei ist dabei recht einfach. Zunächst steht „CACHE MANIFEST" in der ersten Zeile, anschließend folgt eine Auflistung aller zu cachenden Inhalte:

```
CACHE MANIFEST
clock.html
clock.css
clock.js
```

Bezüglich der weiteren Themen Internationalisierung und Logging sind keine zusätzlichen Punkte bei der Entwicklung von HTML5-Web-Applikationen zu beachten. Alle Überlegungen herkömmlicher Web-Applikationen behalten auch bei HTML5 ihre Gültigkeit.

Entwicklungsprozess – Implementierung

Nachdem nun sowohl System- als auch Softwarearchitektur geklärt sind und die Use-Cases, die auf dem iPad verfügbar sein sollen, mittels eines Storyboards spezifiziert wurden, kann mit der Umsetzung der Anforderungen begonnen werden. Doch für die Absicherung der Implementierung müssen vor Beginn der Realisierung einige Punkte geklärt und dokumentiert werden. Hierunter fällt die Entscheidung für oder gegen Softwarebibliotheken und Frameworks für die HTML5-Entwicklung. Zusätzlich müssen Entwicklungsrichtlinien und Coding Standards für die Entwicklung definiert werden. Idealerweise entsteht am Ende dieser Aktivitäten ein firmenspezifisches Benutzerhandbuch für die iPad-Programmierung.

Softwarebibliotheken und Frameworks für HTML5

An dieser Stelle kommt ein ganz wichtiger Punkt in den Fokus: Welche Basis wählt man für große, unternehmenskritische Anwendungen, die mit einem noch nicht vollständig finalisierten Standard entwickelt werden sollen? Das Risiko einer Fehlentscheidung ist hier sehr hoch. Die Applikation muss allen Ansprüchen einer soliden Business-Anwendung (wie z.B. Stabilität, Performance, Verfügbarkeit) gerecht werden und soll dabei alle zusätzlichen Anforderungen an die Bedienbarkeit (siehe Kapitel „Bedienphilosophie") ermöglichen.

Die Frage nach geeigneten Softwarebibliotheken und Frameworks sollte zuerst in zwei Teile gegliedert werden. Einerseits müssen die richtigen Komponenten auf der zentralen Serverseite ausgewählt, andererseits müssen auch Komponenten aufseiten des Webbrowsers identifiziert werden. Im zweiten Fall ist man sehr nahe an HTML5 und bewegt sich im Bereich der Javascript-Bibliotheken, aber auch bei den serverseitigen Anteilen werden schon Elemente von HTML5 generiert und zur Verfügung gestellt. Es gibt verschiedenste Programmiersprachen, die auf der Serverseite die Geschäftslogik abbilden können: Java, .net sowie PHP sind nur einige von ihnen. Im Folgenden wird die Sprache Java verwendet, um an ihr exemplarisch die Vorgehensweise darzustellen.

Bei der beispielhaften Auswahl der serverseitigen Komponenten auf Basis der Java Enterprise Edition 6 fiel die Wahl auf die Spezifikation von JSF (Java Server Faces) in der Version 2. Diese technologische Basis erfüllt alle Anforder-

F. Oelmaier et al., *Apple's iPad im Enterprise-Einsatz*, Xpert.press,
DOI 10.1007/978-3-642-15437-9_9, © Springer-Verlag Berlin Heidelberg 2011

ungen an zeitgemäße Geschäftsapplikationen und ermöglicht eine Auswahl wei-
terer Komponentenbibliotheken für die Entwicklung von HTML5-Oberflächen.
Welche JSF-Komponentenbibliotheken letztendlich eingesetzt werden, ist weitge-
hend Geschmacksache und sehr oft von den Gegebenheiten vor Ort abhängig.
Nachfolgend einige Beispiele für JSF-Komponentenbibliotheken für den mobilen
Anwendungsfall:

- Oracle ADF Mobile[1]
  Die Komponentenbibliothek von Oracle ermöglicht durch die Verwendung des
  Oracle JDeveloper eine schnelle Entwicklung von mobilen Apps. ADF Mobile
  teilt sich selbst in zwei Elemente: ADF Mobile Client und ADF Mobile Browser.
  ADF Mobile Client bietet ein Clientframework für die mobilen Endgeräte und
  funktioniert offline, wenn keine Verbindung besteht. ADF Mobile Browser hin-
  gegen umfasst alle UI Renderer zur Erzeugung von Oberflächen. Diese Renderer
  sind dabei optimiert auf Mobilmonitore und unterstützen mehrere Mobilgeräte.
  Leider zählen iPads bis zum jetzigen Zeitpunkt noch nicht zu den unterstützen
  Oberflächen (Stand August 2010).
- TouchFaces[2]
  TouchFaces ist die mobile Variante von PrimeFaces zur Erstellung von
  Oberflächen für mobile Geräte. TouchFaces konzentriert sich hierbei auf WebKit-
  basierte Browser und bietet den Entwicklern über 90 Komponenten.
- Apache MyFaces Trinidad[3]
  Apache ist bereits seit langem im JSF-Umfeld vertreten und bietet stets eine soli-
  de Plattform für die Entwicklung von Weboberflächen. Auch im mobilen Sektor
  stellt Apache MyFaces Trinidad eine Fülle von Enterprise-Komponenten zur
  Verfügung. Diese Komponenten werden sogar ausdrücklich auf mobilen Geräten
  getestet und unterstützt. Mehr Informationen findet man auf einer eigenen Seite
  von Trinidad, die sich der Entwicklung von Applikationen für mobile Geräte
  widmet.

Bei der Verwendung des Oracle ADF Mobile Frameworks existieren neben den
serverseitigen Komponenten auch clientseitige Anteile. Diese Clientkomponenten
müssen ebenfalls definiert und somit für die Entwicklung vorgegeben werden. Bei
dieser Entscheidung kommen weitere Aspekte in Betrachtungsreichweite und müssen berücksichtigt werden. Die Themen Wartbarkeit und Performance spielen eine
entscheidende Rolle. Die Verwendung von fertigen Javascript-Bibliotheken erleichtert oftmals die Wartung und Weiterentwicklung von Codeanteilen, jedoch sind
diese Bibliotheken nicht selten überladen und wirken sich somit negativ auf die

---

[1]http://www.oracle.com/technetwork/developer-tools/adf/overview/adf-mobile-096323.html (zuletzt abgerufen am 25.08.2010)
[2]http://www.primefaces.org/ (zuletzt abgerufen am 25.08.2010)
[3]http://myfaces.apache.org/trinidad/index.html (zuletzt abgerufen am 25.08.2010)

Performance der Applikation aus. So bieten die meisten Bibliotheken die in HTML 4 notwendigen Implementierungen zur Sicherstellung der Browserunabhängigkeit. Diese Zusatzleistung ist für den Einsatz auf dem iPad in der Regel überflüssig, da nur eine exakt definierte Zielplattform bedient werden muss: Safari basierend auf dem WebKit. Man sollte sich also nicht nur überlegen, welche Frameworks man einsetzen möchte, sondern auch, ob der Einsatz eines Frameworks sich tatsächlich lohnt, denn oftmals ist eine reine Eigenentwicklung der clientseitigen Umfänge eine ebenfalls gangbare Lösung.

Adam de Boor, ein Entwickler von Google Gmail, sagte in einem Interview[4]: „*Currently, the Gmail program is comprised of 443,000 lines of JavaScript, with 978,000 lines if comments are included. All of it was written by hand [...]*".

Für den Fall, dass dennoch existierende Softwarebibliotheken und Frameworks auf dem mobilen Endgerät eingesetzt werden sollen, sollte man sich analog zur Verwendung von JSF-Kompontenbibliotheken zunächst einen Überblick verschaffen. Die aktuell bekanntesten Komponenten sind:

- Sencha Touch[5]
  Sencha Touch gilt als eines der ersten HTML5-Frameworks für den Einsatz auf mobilen Geräten. Das Framework deckt dabei hauptsächlich Apple iOS- und Google Android-Geräte ab. Sencha Touch ist eine Javascript-Bibliothek und mit einer Größe von unter 80kB (gezipped und minimiert) sehr klein und handlich. Die Verwendung dieser Bibliothek ist einfach und schnell erlernbar.
- jQTouch[6]
  jQTouch ist kein Framework an sich, sondern lediglich ein Plugin für das bekanntere jQuery Framework. Mit jQTouch werden analog zu Sencha Touch alle gängigen Gesten und Berührungsereignisse unterstützt. Die Verwendung von jQTouch ist ebenfalls schnell und leicht erlernbar.
- YUI 3[7]
  Auch Yahoo arbeitet an einer neuen Javascript- und CSS-Bibliothek: die Yahoo! User Interface Library. Diese Komponente ermöglicht ebenfalls die Gestensteuerung und bringt mehr Bewegung und Animationen in die grafischen Oberflächen.

Am Ende der Suche nach passenden Softwarebibliotheken und Frameworks stehen immer Entscheidungen für oder gegen verschiedene Alternativen. Für die Entwickler müssen auf Basis dieser Entscheidungen anschließend weitere Vorgaben für die tatsächliche Realisierung entstehen.

---

[4]http://www.pcworld.com/businesscenter/article/199899/google_gmail_to_harness_html5.html (zuletzt abgerufen am 25.08.2010)

[5]http://www.sencha.com/products/touch/ (zuletzt abgerufen am 25.08.2010)

[6]http://www.jqtouch.com/ (zuletzt abgerufen am 25.08.2010)

[7]http://developer.yahoo.com/yui/3/ (zuletzt abgerufen am 25.08.2010)

Entwicklungsrichtlinien und Coding Standards

Vorgaben für die Entwicklung hinsichtlich Coding Standards sowie Do's und Dont's haben sich bereits seit Jahren in IT-Projekten etabliert. Diese Vorgaben ermöglichen die Entwicklung in großen und verteilten Teams. Die Vorgaben müssen bezüglich der Entwicklung von HTML5 nun noch etwas verschärft werden. Bislang mussten keine ausgiebigen Vorgaben für HTML-Seiten, CSS-Dateien und Javascript-Umfänge gemacht werden, weil diese Anteile in Web-Applikationen keine große Gewichtung hatten oder ohnehin von serverseitigen Komponenten nur generiert wurden. Zukünftig wird ein starker Zuwachs der Entwicklung von HTML-Seiten, CSS und Javascript zu verzeichnen sein, denn nur so kann das Potenzial von HTML5 vollständig ausgereizt werden.

Die Vorgaben, die für HTML5-Code getroffen werden, orientieren sich an den bereits bestehenden Vorgaben der gesamten Applikation. Im Detail muss die Ablagestruktur im Projekt richtig definiert werden, sodass die HTML5-Fragmente schnell gefunden und identifiziert werden können. Ein einfaches Beispiel für die Projektstruktur ist die Aufteilung der verschiedenen HTML5-Fragmente in eigene Unterordner, wie in Abb. 1 dargestellt. In den jeweiligen Ordnern kann dann weiter strukturiert werden, je nach fachlicher oder technischer Sicht (z.B. die Aufteilung der Anwendung in kleinere fachliche Komponenten).

Abb. 1 Typische Verzeichnisstruktur einer HTML5-Anwendung

Neben der Projektstruktur werden noch weitere Vorgaben für die Entwicklung getroffen. Beispiele hierzu sind:

- Definition von übergreifenden Komponenten
  (wie z.B. Datenzugriffseinheiten oder zentrale Layouttemplates)
- Benennung von Elementen in HTML-Seiten
  (z.B. ID und Name von Div-, Input-, Canvas-Elementen usw.)
- Detailliertere Kommentarvorgaben für Javascript
  (Javascript ist nicht berühmt für seine Wartbarkeit, daher sollte mehr kommentiert werden als z.B. in Java)
- Benennung von CSS-Klassennamen

- Benennung von Javascript-Methoden- und Variablennamen
- Formatierungsvorgaben für CSS-Klassen für ein einheitliches Layout
- Formatierungsvorgaben von Javascript-Funktionen und -Dateien für ein einheitliches Layout
- Erweiterungen an den gewählten Basis-Softwarebibliotheken und Frameworks
- Definition von unerlaubten Programmierweisen
  (z.B. keine Styleattribute an HTML-Elementen verwenden, sondern immer CSS-Klassen)

Für einen Entwickler sollten die meisten Vorgaben eines Entwicklerhandbuches durch die Entwicklungsumgebung bereits automatisiert unterstützt werden, z.B. die Formatierung von CSS- und Javascript-Dateien. Wenn keine Unterstützung durch die Entwicklungsumgebung bereitgestellt wird, können einfache Tools im Internet helfen, um Formatierungen einheitlich zu gestalten. Wenn man bei Google nach Schlagworten wie „HTML Formatter", „CSS Formatter" oder „Javascript Formatter" sucht, findet man sehr schnell Tools, die diese Arbeit erledigen.

Entwicklung der iPad-Applikationen mit HTML5

Bei der Entwicklung von HTML5-Applikationen für das iPad benötigt man eine iterative Vorgehensweise zur Absicherung der Entwicklungsumfänge. Analog zur Entwicklung einer normalen Geschäftsapplikation müssen auch im HTML5-Umfeld folgende Schritte iterativ durchlaufen werden:

- Entwicklung von HTML-Seiten, CSS- und Javascript-Dateien
- Bereitstellung der Neuentwicklung auf einem Testsystem
  (lokale Entwicklersysteme oder zentrale Testsysteme)
- Test der Entwicklungsumfänge
- Fehleranalyse und Fehlerbehebung
- Bereitstellung der Entwicklung für das Team (check in)

Realisierung

Zunächst müssen die HTML-Seiten, die CSS-Dateien und die Javascript-Anteile konzipiert und geschrieben werden. Hierzu können beliebige Editoren und Entwicklungsumgebungen benutzt werden. Vom normalen Editor bis hin zu Eclipse stehen alle Mittel zur Verfügung. In der Regel hat jeder Entwickler seine eigenen Präferenzen, jedoch kann die Entwicklungsumgebung aus strategischen Gründen auch für das Entwicklungsteam verbindlich vorgegeben werden. Für die optisch anspruchsvolleren Oberflächen einer iPad-HTML5-Applikation benötigen Entwickler oft diverse Symbole und Icons. Da Apple mit iPhone und iPad eine eigene

Icondarstellung vorgibt (Bild mit abgerundeten Ecken), ist es meist sehr zeitaufwändig, die eigene Anwendung und ihre Icons an dieses Look und Feel anzupassen. Unter den folgenden Links findet man Informationen, die bei der Suche nach Icons enorm behilflich sind:

- http://iconizer.net/
  Bietet eine riesige Auswahl an Icons. Die Icons sind frei verfügbar und dürfen auch verändert werden. Sie können in beliebigen Formaten und Größen erzeugt werden.
- http://www.flavorstudios.com/iphone-icon-generator
  Erzeugt Icons im Apple-Style in unterschiedlichen Ausprägungen.
  Icons können auf Basis eigener Bilder erstellt werden.

Bereitstellung für Entwickler

Nachdem ein bestimmter Umfang entwickelt wurde, sollte ein Entwickler diesen zunächst selbst testen (Entwicklertest). Hierfür sollte es einen einheitlichen Weg geben, wie ein Entwickler seine frisch realisierten Umfänge testen kann. In Bezug auf das iPad und die gewählte Softwarearchitektur bedeutet dies, dass die Applikation auf einem Testsystem (in der Regel liegt dieses lokal auf dem Entwicklerrechner) bereitgestellt wird und dann über ein iPad aufgerufen werden kann. Für die Entwicklung ist es nicht sinnvoll, die gesamte schwergewichtige Systemarchitektur lokal zur Verfügung zu haben. Als Entwickler möchte man eine möglichst einfache Variante wählen, um seine Umfänge deployen und testen zu können. Ein sehr unkomplizierter Weg dazu ist die lokale Verwendung einer Software namens „xampp"[8] von Apache Friends. Die Verwendung von xampp oder xampplite bietet folgende Möglichkeiten:

- Ein Apache-Webserver ermöglicht den Zugriff auf die Anwendung via HTTP oder HTTPS.
- Eine MySQL-Datenbank ermöglicht die Unterstützung von Mock-Objekten für den reinen clientseitigen Test.
- Die xampp Console ist einfach zu verstehen und dient als zentraler Punkt für das Starten und Stoppen von xampp-Diensten (Apache, MySQL).

Das Vorhandensein vieler lokaler Testumgebungen hat zudem noch den Vorteil, dass Entwickler untereinander den Stand des Anderen quertesten können, indem einfach eine andere URL im iPad-Safari Browser angegeben wird.

---

[8]http://www.apachefriends.org/de/xampp.html.

Entwicklertest

Nachdem die Software lokal bereitgestellt wurde, kann der Entwickler mit dem Test beginnen. Es kann jedoch sein, dass nicht jeder Entwickler ein eigenes iPad zur Verfügung hat. Dies ist bei einem Mac-PC kein Problem, denn durch die Entwicklungsumgebung von Apple steht auch ein iPhone-/iPad-Simulator zur Verfügung. Dieser Simulator verhält sich wie ein physisches iPad und man kann so auch ohne das Vorhandensein eines echten iPads seine Entwicklung testen. Wer allerdings keinen Mac hat, kann die Anwendung nur mit Hilfe eines iPads testen. Im Internet gibt es Anleitungen, wie sich ein – legal gekauftes – Mac OS/X Snow Leopard in einer VMWare starten lässt. Rechtliche Bedenken und die schleppende Geschwindigkeit lassen von dieser Lösung jedoch eher abraten. Ein Test mit einem PC-Browser wie Safari oder Chrome ist theoretisch ebenfalls möglich, jedoch sollte man sich folgender Aspekte bewusst sein:

- der Safari-Browser auf dem iPad ist moderner als der Safari oder Chrome eines Mac- oder Windows-PCs und
- PC-Browser haben keine Events für Touch-Ereignisse

Diese Einschränkungen machen einen realistischen Test an einem PC-Browser nahezu unmöglich. Das Testen an einem PC-Browser hat aber dennoch seine Vorteile. Durch die Entwicklertools von WebKit-basierten Browsern findet man schnell Fehler im Layout oder in einem Javascript-Ablauf. Der Safari des iPad besitzt lediglich eine Debug-Konsole (analog zur Fehlerkonsole von WebKit-Browsern auf PCs). Da weder der iPad-Simulator auf Mac OS X noch die PC-Browser die gleichen Speichereinschränkungen (256 MB) wie das iPad haben, stellt – speziell bei größeren Seiten oder animierten GIFs – diese Einschränkung eine Hauptfehlerquelle dar. Die Fehlermeldungen des iPad–Safari Browsers im Fall von zu wenig vorhandenem Speicher sind nicht wirklich aussagekräftig – Bilder werden einfach nicht angezeigt oder Javascript-Befehle nicht ausgeführt.
Der Entwicklertest besteht unserer Erfahrung nach immer aus der Kombination von einem Test der Anwendung auf einem PC-Browser (Safari oder Chrome) und dem endgültigen Test der Anwendung auf einem iPad oder der Testmöglichkeit auf dem iPad-Simulator von Apple. Es empfiehlt sich, dass jedes Entwicklerbüro bzw. jede 3er-Gruppe Entwicklerarbeitsplätze ein iPad für den Test zur Verfügung hat.

Bereitstellung für das Team

Nach einem erfolgreichen Entwicklertest werden die Änderungen des Entwicklers dem Team zur Verfügung gestellt. Hierbei gibt es keine zusätzlichen Punkte, die bei der Entwicklung von iPad-Applikationen im Gegensatz zu herkömmlichen Applikationen zu beachten sind. Die Software wird wie gewohnt über die gewählten Sourcecode-Verwaltungssysteme (z.B. CVS, Subversion) eingecheckt und unter Umständen gemerged.

Systemtest

Die Durchführung von Systemtests ist in großen Entwicklungsteams unerlässlich. Hinsichtlich der Entwicklung von iPad-HTML5-Applikationen gibt es zunächst keine Änderung gegenüber einem herkömmlichen Testablauf:

- Die Software wird zentral gebaut, entweder sofort nach dem Einchecken (continuos integration) oder zyklisch (z.B. jede Nacht = nightly builds).
- Die Software wird auf einem zentralen Testsystem deployed, wobei eine produktionsnahe Systeminfrastruktur verwendet werden sollte.
- Automatisierte Unit-Tests können definierte Umfänge testen.
- Ein manueller Test stellt die restlichen Testfälle sicher.

Die Gewichtung der manuellen Tests gegenüber den automatischen Unit-Tests ist beim Test von iPad-HTML5-Applikationen aktuell noch recht ungleichmäßig. Wo serverseitige Umfänge ziemlich einfach mit automatischen Tests und Mock-Daten geprüft werden können, sind Oberflächentests auf einem iPad nur manuell möglich. Die bekannten Lösungsmöglichkeiten zum Test von Weboberflächen wie Selenium[9] sind aktuell noch nicht auf das iPad übertragbar.

---

[9]http://seleniumhq.org/

Sicherheit

Sicherheit ist beim Unternehmenseinsatz von Hard- und Software eine unabding-
bare Notwendigkeit. In der Studie „Gefahrenbarometer 2010"[1] der Corporate Trust
werden Hackerangriffe und die Gefahren eines Informationsabflusses auf Platz 2
und 3 der größten Risiken für deutsche Unternehmen gesehen (siehe Abb. 1).
Jede neue Technologie und jede Innovation gefährden den bereits erarbeiteten
Sicherheitsstandard. Dementsprechend ist es nur natürlich, dass Neuerungen aus
Sicherheitssicht oft abgelehnt werden. Die Wettbewerbsfähigkeit vieler deutscher

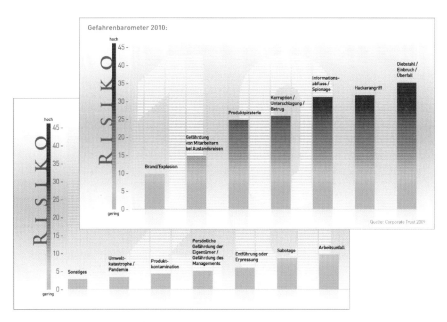

Abb. 1 Gefahrenbarometer 2010

[1] http://www.corporate-trust.de/studie/Gefahrenbarometer2010.pdf   (zuletzt   abgerufen   am
22.8.2010).

F. Oelmaier et al., *Apple's iPad im Enterprise-Einsatz*, Xpert.press,
DOI 10.1007/978-3-642-15437-9_10, © Springer-Verlag Berlin Heidelberg 2011

Unternehmen basiert aber in nicht unerheblichem Maße auf der Innovationskraft der Organisation und dem ständigen Einsatz neuester Technologien. Daher hat die Sicherheit nicht das Recht, generell Neuerungen abzulehnen, sondern vielmehr die Aufgabe, diese genau zu untersuchen und ggf. innovative Antworten auf die neuen Herausforderungen zu finden.

Im deutschen Sprachgebrauch bezeichnet Sicherheit sowohl Angriffssicherheit (englisch: Security) als auch Betriebssicherheit (englisch: Safety). Angriffssicherheit umfasst alle Bedrohungen eines Unternehmens, die von gezielten Angriffen ausgehen. Betriebssicherheit behandelt alle Gefahren, die die Leistungsfähigkeit eines Unternehmens ohne gezielten Angriff mindern können. Im Kontext dieses Kapitel bezeichnet Sicherheit nur die Angriffssicherheit, das Thema Betriebssicherheit bleibt anderen Kapiteln vorbehalten. Die Aufgaben in der Sicherheit teilen sich in drei Kategorien:

- Forensik
  Ermittlungsverfahren, in denen fallbezogen und systematisch kriminelle Handlungen identifiziert beziehungsweise ausgeschlossen sowie analysiert oder rekonstruiert werden.
- Spezifische Prävention
  Planung und Umsetzung von Sicherungskonzepten für zeitlich begrenzte, besonders gefährdete Spezialprojekte, Ereignisse oder Veranstaltungen, um Störungen und Schäden während des Ablaufs zu vermeiden.
- Unspezifische Prävention
  Planung und Umsetzung vorbeugender Maßnahmen, um ein unerwünschtes Ereignis oder eine unerwünschte Entwicklung zu vermeiden.

Im Rahmen dieses Buches wird die unspezifische Präventionsarbeit für den Einsatz des iPad in einem Unternehmen in generalisierter Form beschrieben. Überlegungen zur Forensik werden nicht breit angelegt, um die Entwicklung von Gegenmaßnahmen zu erschweren und bleiben somit außen vor.

Anforderungsanalyse Sicherheit

Welche Gefährdungen der Einsatz des iPad im Unternehmen mit sich bringt, muss jedes Unternehmen für sich selbst entscheiden. Dazu ist eine kurze Analyse zu erstellen. Diese Analyse kann auf Basis bereits erfolgter Gefährdungsanalysen für Laptops und Smartphones erfolgen. Dieses Buch untersucht die allgemeinen Gefahren, die der deutsche Mittelstand im Rahmen der oben genannten Studie „Gefahrenbarometer 2010" auf die Frage „Wo sehen Sie die größten Bedrohungen für die Sicherheit Ihrer IT und Telekommunikation?" genannt hat (siehe Abb. 2). Von den wichtigsten vier Antworten auf diese Frage sind zwei für das iPad relevant: die Gefahr eines Hackangriffs und die Gefahren durch Diebstahl oder Verlust von Hardware. Die anderen beiden Nennungen aus den Top Vier sind Gefährdungen durch menschliches Fehlverhalten. Aus Erfahrung weiß man, dass menschliche Sicherheitsprobleme nicht effektiv durch technische Mittel behoben werden können.

Abb. 2 Gefährdungsanalyse IT und Telekommunikation

Um eine vollständige Analyse der IT-Sicherheit durchzuführen, darf aber nicht nur das iPad an sich, sondern muss auch die Gefährdung durch neu geschaffene oder veränderte HTML5-Apps betrachtet werden. Im allgemein gehaltenen Rahmen dieses Buches ergeben sich damit folgende technische Angriffsvektoren:

- Hackerangriff auf das iPad ohne physikalischen Zugriff auf das Gerät
- Direkter Schaden durch Diebstahl oder Verlust des iPad[2]
- Informationsabfluss[3] durch Diebstahl oder Verlust des iPad
- Hackerangriff auf die Serverseite von HTML5-Apps

Diese Sicherheitsüberlegungen können nur als Ausgangspunkt für eine firmenspezifische Sicherheitsbetrachtung dienen, dürfen diese aber keinesfalls ersetzen.

Die Größe eines Risikos bemisst sich über zwei Faktoren: Schadenshöhe und Eintrittswahrscheinlichkeit. Die Schadenshöhe ist je nach Anwendungsfall meist unternehmensspezifisch sehr unterschiedlich. Die Eintrittswahrscheinlichkeit eines IT-Schadens basiert wiederum auf zwei Hauptfaktoren. Zum einen ist dies die Anzahl der möglichen Täter, d.h. die Anzahl der Mitarbeiter oder Angreifer. Diese Messgröße wird Exponiertheit genannt. Der zweite Faktor ist die Schwierigkeit des Angriffs. Präventivmaßnahmen können den möglichen Schaden oder die Wahrscheinlichkeit eines Schadensfalls verringern (siehe Abb. 3). Typische Beispiele für Präventivmaßnahmen sind:

---

[2]Direkter Schaden ist in diesem Fall die Beschaffung eines Ersatzgeräts bzw. der Arbeitsausfall eines Mitarbeiters durch Verlust des Arbeitsgeräts.

[3]Typische Motivation für Informationsabfluss sind Wirtschafts- oder Industriespionage sowie Vorbereitung einer Erpressung oder Entführung.

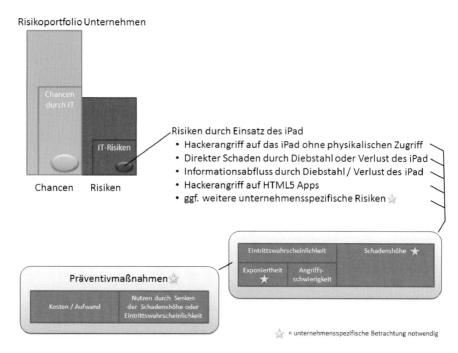

Abb. 3 Risikobetrachtung iPad

- Versicherungen gegen Diebstahl von iPads
- intensive Tests neuer HTML5-Apps
- Einschränkungen der Daten, die mit einem iPad verwaltet werden
- Härtung des iPads um Angriffe zu erschweren
- Vorgaben für Mitarbeiter in einer Mobile Security Policy

Da diese Präventivmaßnahmen Aufwand und Kosten erzeugen bzw. die Chancen einer iPad-Nutzung einschränken, ist eine unternehmensspezifische Abwägung im Rahmen einer Risikoanalyse notwendig.

Apple hat keine detaillierte Dokumentation der Sicherheitsarchitektur des iPad veröffentlicht. Viele Kenntnisse rund um die Sicherheit des Gerätes wurden von unabhängigen Sicherheitsexperten erarbeitet. Um eine möglichst objektive Einschätzung zu bekommen und die unternehmensspezifische, sicherheitstechnische Betrachtung zu erleichtern, enthält dieses Kapitel drei Hilfestellungen:

1. Eine Beschreibung der Sicherheitsfunktionen des iPad
2. Eine Bewertung dieser Sicherheitsfunktionen im Hinblick auf die oben genannten vier technischen Angriffsvektoren
3. Eine Beschreibung generell empfehlenswerter Präventivmaßnahmen

Sicherheitsfunktionen des iPad

iOS 3.x, welches auch auf dem iPad läuft, unterstützt etliche Funktionen für den Unternehmenseinsatz, die Apple im Internet dokumentiert.[4] Diese zusätzlichen Funktionen haben Analysten dazu veranlasst, Empfehlungen für den Enterprise-Einsatz des iPad zu geben.[5] Die Funktionen im Überblick:

- Es gibt ein spezielles iPad-Konfigurationsprogramm (siehe Abb. 4 und 5) für Windows und Mac OS X zum direkten Hinzufügen und Entfernen verschlüsselter Konfigurationsprofile auf über USB angeschlossenen Geräten. Damit kann ein Unternehmen viele Funktionen des iPad deaktivieren bzw. in seiner Ausführung beschränken und bestimmte Konfigurationen erzwingen. Die Konfigurationsprofile sind verschlüsselt und mit einem administrativen Kennwort geschützt, sodass sie nicht vom Gerät entfernt werden können. Konfigurationsprofile können auch per E-Mail verteilt werden, der Benutzer muss die Installation dann aber auslösen und bestätigen.

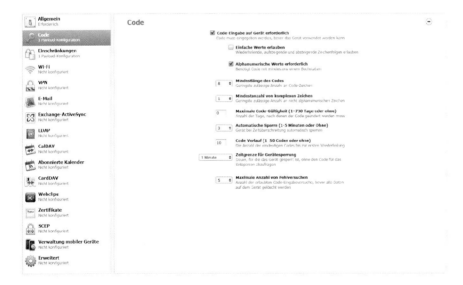

Abb. 4 Beispielhafte Einstellung der Kennwortvorgaben für das iPad in einem Profil (Screenshot aus Apple's "iPhone Configuration Utility for Windows)

---

[4]http://www.apple.com/de/iphone/enterprise und http://www.apple.com/de/ipad/business/ sowie http://manuals.info.apple.com/de_DE/Einsatz_in_Unternehmen.pdf (zuletzt abgerufen am 22.8.2010).

[5]http://arstechnica.com/apple/news/2009/04/forrester-research-changes-tune-on-iphone-in-enterprise.ars (zuletzt abgerufen am 22.8.2010).

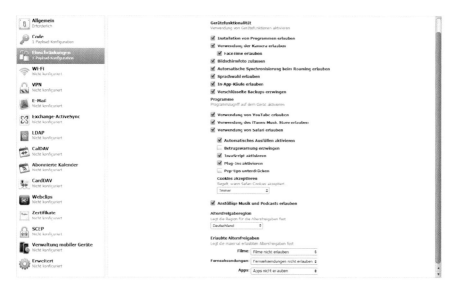

Abb. 5 Beispielhafte Einstellung der Einschränkungen für das iPad in einem Profil (Screenshot aus Apple's "iPhone Configuration Utility for Windows)

- Unterstützung von zertifikatsbasierten Protokollen für Verbindungen zu VPN-Diensten (PPTP, L2TP over IPSec bzw. Cisco IPSec), Exchange- oder Internet-Mail-Servern (Protokolle POP, IMAP und SMTP over TLS/SSL) und die Authentisierung im Netzwerk mittels 802.1x. Der Rollout der Zertifikate wird durch Unterstützung von SCEP erleichtert, die Sperrinformationen werden wahlweise per CRL oder OCSP geprüft.[6]
- Gerätedatensicherungen werden in iTunes verschlüsselt auf der Festplatte abgelegt. Die Verschlüsselung erfolgt mit einem Kennwort und kann im iPad-Profil erzwungen werden.
- Richtlinien für Gerätekennwörter werden unterstützt: Mindestlänge, Anzahl der Fehlversuche, Komplexitätsvorgaben, Inaktivitätszeit bis zur automatischen Sperrung und Verfallszeit, Kennwortchronik (siehe Abb. 4).
- Die WLAN Funktionen unterstützen WEP sowie WPA und WPA2 (jeweils sowohl die Möglichkeit zur Authentifizierung mittels Personal- als auch mittels Enterprise-Profil).
- Der interne Flash-Speicher des iPad ist mit einer 256bit AES (Advanced Encryption Standard)-Verschlüsselung geschützt. Der Schlüsselspeicher scheint

---

[6]Die hier genannten Abkürzungen bezeichnen Standards der Internet Engineering Taskforce (IETF) oder des Institute of Electrical and Electronics Engineers (IEEE). Kurzbeschreibungen der Standards sind meist in der deutschen Ausgabe der Wikipedia zu finden, die englische Ausgabe beschreibt alle genannten Standards.

in einer Art „Trusted Platform Module" (TPM) integriert zu sein. In neuen iOS Versionen dient das Passwort zur Freischaltung des Schlüssels im TPM. Ob der Schlüssel nach der Freischaltung aus dem TPM exportiert wird oder ob die Entschlüsselung der Daten im TPM stattfindet ist nicht bekannt.

- Das iPad unterstützt eine Fernlöschung oder eine Löschung nach zu vielen Anmelde-Fehlversuchen. Diese Löschung erfolgt sofort, da nur der Schlüssel für die Festplattenverschlüsselung gelöscht wird.
- Viele Funktionen des iPad können per Profil deaktiviert werden: Verwendung von Safari, YouTube, iTunes Store, Installation von Programmen (deaktiviert auch die Aktualisierung von Programmen!) und das Erstellen von Bildschirmfotos (siehe Abb. 5).
- Im zugrunde liegenden Unix-Betriebssystem werden nur signierte Programme ausgeführt und auch während der Laufzeit wird immer wieder ein Hash des Programms geprüft, um Veränderungen zur Laufzeit zu verhindern.

Auch das, für die Verwaltung von iPads notwendige, PC-Programm iTunes erlaubt entsprechende Sicherheitseinstellungen.

Bewertung der Angriffsschwierigkeit nach Common Criteria

In einer Branche, in der ein Laie kaum zwischen unbegründeter Panikmache und sinnvollen Awareness-Maßnahmen unterscheiden kann, ist die Nachvollziehbarkeit von Analysen die wichtigste Aufgabe eines Experten. Gute Sicherheitsarbeit orientiert sich daher an methodischen Standards. In der IT gilt jedoch der Satz von Andrew S. Tanenbaum: *„The nice thing about standards is that you have so many to choose from."*[7] Im vorliegenden Fall ist es jedoch nicht essenziell, welcher Standard benutzt wird; solange eine sinnvolle Menge an Sicherheitsexperten den Standard kennt, ist die grundsätzliche Nachvollziehbarkeit sichergestellt. Im Rahmen dieses Buches findet die Bewertung der Angriffsschwierigkeit nach dem zur Ausführung notwendigen Angriffspotenzial („attack potential") statt. Dieses wiederum wird auf Basis der „Common Methodology for Information Technology Security Evaluation"[8] bewertet. Der Vorteil dieser Modellierung ist, dass Angriffe auf Hard- und Software modelliert werden können. Bei der Einteilung von Schwachstellen in Gefährdungsklassen nach dieser Methodik spielen fünf Faktoren eine Rolle:

---

[7]Andrew S. Tanenbaum, „Computer Networks", 2nd edition, Seite 254

[8]Die Common Evaluation Methodology (CEM) ist ein Teil des Standards „Common Criteria for Information Technology Security Evaluation" oder kurz „Common Criteria", der sowohl den europäischen ITSEC- als auch den amerikanischen TCSEC-Standard abgelöst hat. Die Beschreibung des hier verwendeten „attack potential" findet sich in Kapitel B.4.2. der „Evaluation methodology", July 2009, Version 3.1, Revision 3, zu finden unter http://www.commoncriteriaportal.org/files/ccfiles/CEMV3.1R3.pdf (zuletzt abgerufen am 22.8.2010).

(1) Benötigte Zeit, um die Schwachstelle zu finden und auszunutzen
(2) Benötigter Grad an technischer Expertise
(3) Benötigtes Wissen über Design und Implementierung des Systems
(4) Benötigter Zugriff auf das System, „Window of Opportunity"
(5) Benötigte Hardware/Software/Equipment für die Analyse bzw. Ausnutzung

Für jeden dieser Faktoren sind im Standard bestimmte Kategorien festgelegt und diese mit „Punktewerten" hinterlegt. Zur Einschätzung der Angriffsschwierigkeit eines bestimmten Angriffs ordnet ein Sicherheitsprüfer den Angriff für jeden der fünf Faktoren in eine Kategorie ein. Diese Einordnung ist – eine entsprechende Begründung vorausgesetzt – von anderen Prüfern leicht nachzuvollziehen und ggf. in der Diskussion änderbar. So wird z.B. die Zeit, die ein Angreifer braucht um eine Schwachstelle zu identifizieren oder auszunutzen in folgende Kategorien eingeteilt:

- $<=$ ein Tag
- $<=$ eine Woche
- $<=$ zwei Wochen
- $<=$ ein Monat
- $<=$ zwei Monate
- $<=$ drei Monate
- $<=$ vier Monate
- $<=$ fünf Monate
- $<=$ sechs Monate
- $>$ sechs Monate

Der Faktor „Technische Expertise" bezieht sich auf die Grade generellen Knowhows in diesem Produkttyp oder dieser Gruppe von Anwendungen. Folgende Grade werden unterschieden:

- *Laien* besitzen keine spezielle Erfahrung, z.B. im Bereich der Internetsicherheit.
- Als *kompetente Benutzer* bezeichnet man Personen, die ein bestimmtes Wissen um den fraglichen Bereich (z.B. die Internetsicherheit) im Allgemeinen haben.
- *Experten* kennen Algorithmen, Protokolle, Hardware, Strukturen etc., die z.B. bei einem Standard-Internetzugang verwendet werden, und sie kennen die Konzepte und Grundsätze der Standard-Sicherheitstechnologien.
- *Verschiedene Experten* ist die Kategorie, in der mehrere Experten aus verschiedenen Gebieten zusammenarbeiten müssen.

Der Faktor „Kenntnis des Systems" bezieht sich auf das spezielle Wissen in Verbindung mit dem zu evaluierenden System (z.B. Dokumentation, Quellcodes, etc.). Es werden dabei folgende Grade unterschieden:

- *Öffentliche Informationen*: Bis auf öffentlich verfügbare Informationen über das System ist kein spezielles Wissen vorhanden.

- *Vertrauliche Informationen*: Zugang zu halböffentlichen Informationen ist verfügbar (z.B. Informationen, die durch „social engineering" bei Mitarbeitern in der Kantine erlangt werden könnten).
- *Sensible Informationen*: Zugang zu detaillierten internen Informationen über das System ist vorhanden (z.B. Netzpläne).
- *Kritische Informationen*: Zugang zu Passwörtern, geheimen Schlüsseln oder ähnlichen Informationen, die nur wenigen Menschen bekannt sind, ist vorhanden.

Der Faktor „Benötigter Zugriff" bezieht sich auf die Zeitdauer, für die ein Angreifer direkten Zugriff zum System benötigt, um eine Schwachstelle zu identifizieren oder auszunutzen. Folgende Kategorien werden unterschieden:

- *Nicht notwendig*: Der Angriff kann jederzeit ausgeführt werden, spezieller Zugang oder eine spezielle Situation („Window of Opportunity") sind nicht notwendig. Typisches Beispiel ist der Angriff auf eine Webseite.
- *Einfach*: Es ist nur eine kurze Zeitspanne (weniger als ein Tag) mit direktem Zugriff auf einzelne Geräte notwendig. Dies wäre z.B. bei der Installation eines Abhörgeräts oder eines Trojaners der Fall.
- *Moderat*: Der Angriff benötigt weniger als einen Monat direkten Zugriff auf das Gerät. Dies wäre beispielsweise beim Ausprobieren einer vierstelligen PIN auf dem iPad der Fall (falls das automatische Löschen nach PIN-Fehleingabe deaktiviert ist).
- *Schwierig*: Um den Angriff auszuführen, muss das Gerät mehrere Monate im direkten Zugriff sein, oder es ist Zugriff auf mindestens hundert Geräte notwendig. Ein typisches Beispiel wäre das Knacken einer Festplattenverschlüsselung in einem nicht-portablen Rechner im Rechenzentrum.

Der Faktor „Notwendiges Equipment" bezeichnet die Hard- und Software, die für die Identifikation oder die Ausnutzung der Schwachstelle benötigt wird:

- *Standard-Werkzeug* sind Geräte und Programme, die leicht verfügbar für den Angreifer sind, sowohl für die Identifikation als auch die Ausnutzung einer Schwachstelle. Dies kann sowohl ein Teil des Systems sein (z.B. ein Debugger in einem Betriebssystem), als auch ein einfach zu beschaffendes Tool (z.B. Internetdownloads, einfache Skripte).
- *Profiwerkzeug* ist nicht sofort für den Angreifer verfügbar, kann aber von ihm mit vertretbarem Aufwand beschafft werden. Dies schließt den Kauf von Equipment (z.B. Protokoll Analysator) ebenso ein wie die Entwicklung von komplexeren Angriffsskripten oder Programmen.
- *Spezialwerkzeug* ist für die Öffentlichkeit nicht verfügbar– entweder weil es für jeden Spezialfall hergestellt werden muss, oder weil der Vertrieb kontrolliert, möglicherweise sogar eingeschränkt ist. Alternativ kann dies auch sehr teures Equipment sein. Der Gebrauch von Hunderten von PCs, die über das Internet verbunden sind, fällt beispielsweise in diese Kategorie.

- *Verschiedenartiges Spezialwerkzeug* ist die Kategorie, in der verschiedene Spezialwerkzeuge unterschiedlicher Art eingesetzt werden müssen.

Die Tabelle in Abb. 6 listet für jeden der beschriebenen Faktoren einen Punktewert auf. Um das Angriffspotenzial einer Schwachstelle eines Systems herauszufinden, werden die Werte für jeden Faktor bestimmt und addiert. Dieser Wert ist das *benötigte Angriffspotenzial*, d.h. das Potenzial, das ein Angreifer braucht, um die untersuchte Schwachstelle auszunutzen. Je niedriger das benötigte Angriffspotenzial, umso angreifbarer ist die Schwachstelle.

Die Common Evaluation Methodology schlägt folgende Kategorisierung der Sicherheit vor:

- Ein System, das einem Angreifer mit Angriffspotential ≥ 25 widersteht, bekommt das Sicherheitsrating „*high*" => Kritikalität/Gefährdungslage: **Niedrige Angriffsgefahr**.

Benötigte Zeit		
	<= ein Tag	0
	<= eine Woche	1
	<= zwei Wochen	2
	<= ein Monat	4
	<= zwei Monate	7
	<= drei Monate	10
	<= vier Monate	13
	<= fünf Monate	15
	<= sechs Monate	17
	> sechs Monate	19

Technische Expertise		
	Laie	0
	Kompetenter Benutzer	3
	Experte	6
	Mehrere Experten	8

Kenntnis des Systems		
	Öffentliche Informationen	0
	Vertrauliche Informationen	3
	Sensible Informationen	7
	Kritische Informationen	11

Benötigter Zugriff		
	Nicht notwendig	0
	Einfach	1
	Moderat	4
	Schwierig	10

Benötigtes Werkzeug		
	Standardwerkzeug	0
	Profiwerkzeug	4
	Spezialwerkzeug	7
	Unterschiedliches Spezialwerkzeug	9

Abb. 6 Angriffsschwierigkeit nach Common Criteria

- Ein System, das einem Angreifer mit Angriffspotential 20 bis 24 widersteht, bekommt das Sicherheitsrating „*moderate*" => Kritikalität/Gefährdungslage: **Mäßige Angriffsgefahr**.
- Ein System, das einem Angreifer mit Angriffspotential 14 bis 19 widersteht, bekommt das Sicherheitsrating „*enhanced basic*" => Kritikalität/Gefährdungslage: **Mittlere Angriffsgefahr**.
- Ein System, das einem Angreifer mit Angriffspotential 10 bis 13 widersteht, bekommt ein Sicherheitsrating „*basic*" => Kritikalität/Gefährdungslage: **Hohe Angriffsgefahr**.
- Ein System, das einem Angreifer mit Angriffspotential < 10 widersteht, bekommt kein Sicherheitsrating => Kritikalität/Gefährdungslage: **Akute Angriffsgefahr**.

Ein sogenanntes „Script-Kiddy", also ein Schüler oder Student, der mit Sicherheitsthemen experimentiert, erreicht bei Anwendung dieser Methodik ein Angriffspotential von etwa acht Punkten, ein Sicherheitsexperte bei einem Black-Box-Penetrationstest erreicht etwa 15-20 Punkte, ein Projekt bei einem Geheimdienst erreicht etwa 38 Punkte.

Bewertung der Sicherheitsfunktionen des iPad

Basierend auf den oben erwähnten Methoden ist die Beurteilung der Sicherheitsfunktionen des iPad im Hinblick auf die vier Angriffsvektoren nun vergleichsweise einfach. Um jedoch nicht nur die Vergangenheit zu betrachten, sondern auch Prognosen für die Zukunft zu erlauben, wird die oben beschriebene Methodik in zweifacher Hinsicht verwendet: zur Beurteilung der Angriffsschwierigkeit der Identifikation einer Schwachstelle sowie getrennt bei der Ausnutzung der Schwachstelle.

Das iPad ist von der Bedrohungslage bzgl. Diebstahl oder Verlust mit einem Laptop vergleichbar: Laptops sind meist teurer und daher wertvoller für Diebe, das iPad dagegen ist leichter und daher einfacher zu entwenden. Die Gefahr, das Gerät versehentlich zu vergessen, ist bei beiden Geräten gleich hoch, eventuell wird das iPad aufgrund seiner geringeren Größe etwas öfter vergessen.

Wird ein iPad gestohlen oder geht es verloren, so ist nicht in jedem Fall von einem gezielten Angriff auszugehen. In jedem Fall entsteht aber ein Schaden, da das iPad ersetzt werden muss. Der Arbeitszeitausfall kann durch die Nutzung von Block und Stift oder einem lokalen PC meist so weit reduziert werden, dass er kaum ins Gewicht fällt. Das iPad ist für Diebe ein interessantes Gerät – ähnlich interessant wie ein gutes Smartphone oder ein guter Laptop. Es ist nicht davon auszugehen, dass die Diebstahlraten wesentlich höher als bei diesen Geräten liegen. Dementsprechend sollte ein Unternehmen die gleichen Maßnahmen gegen rein monetär motivierten Diebstahl ergreifen, wie dies bei Laptops oder Smartphones getan wird. Wichtigster Punkt dabei ist die Aufforderung an die Mitarbeiter, das Gerät nicht unbeaufsichtigt zu lassen.

Viel problematischer ist jedoch der Informationsabfluss durch gezielten Diebstahl des iPad. Oft wird ein solcher Diebstahl nicht bemerkt, da das iPad nach einigen Minuten wieder an seinen Platz zurückgelegt wird. Das Kopieren aller Informationen auf einem iPad nimmt – einen entsprechenden Zugang vorausgesetzt – etwa zehn Minuten in Anspruch. Um an diese Daten zu gelangen, gibt es zwei Möglichkeiten:

1. Ein Backup mittels iTunes erstellen. Dies funktioniert aber nur, nachdem das iPad durch Eingabe eines entsprechenden Codes entsperrt worden ist.
2. Eigenen Code auf dem iPad zur Ausführung bringen, der dies erledigt.

Ein vierstelliger Code kann selbst ohne Automatismus innerhalb weniger Tage durchprobiert werden (auch wenn der Angreifer danach die Touchoberfläche des iPad verfluchen dürfte). Dieser Angriff kann durch Einstellungen im iPad-Profil (Löschen des iPad nach zehn Code-Fehleingaben oder Forderung nach komplizierteren, alphanumerischen Passwörtern mit acht Zeichen) leicht gekontert werden.

Gefährdung durch Jailbreaks

Bezüglich der zweiten Bedrohung gibt es leider eine große Community im Internet, die daran arbeitet, eigenen Code auf dem iPad zur Ausführung zu bringen. Apple hat das iPad fest mit dem Businessmodell des App Store verdrahtet und auch an anderen Stellen eine vergleichsweise geschlossene Plattform erstellt. Viele Benutzer sind darüber nicht glücklich und suchen Wege, das iPad der Kontrolle durch Apple zu entziehen. Dazu werden für die iOS-Plattformen immer wieder Programme publiziert, mit denen die Geräte mit vergleichsweise wenig Know-how und Aufwand in einen Modus versetzt werden, in dem man Zusatzsoftware installieren kann (Ausbrechen aus dem Apple-Gefängnis = jailbreak). Im August hat der Gesetzgeber in den USA eine Richtlinie veröffentlicht, die klarstellt, dass das Aufheben solcher Bindungen in einem Smartphone durch den Benutzer keinen Verstoß gegen den Digital Millenium Copyright Act darstellt. Dieses Gesetz stellt eigentlich Modifikationen an den vom Hersteller vorgegebenen Sicherungsmaßnahmen unter Strafe, erlaubt aber seit jeher einige Ausnahmen. Zu diesen Ausnahmen gehört nun auch der Jailbreak.

Mit jeder neuen Version des Betriebssystems unterbindet Apple die Möglichkeit eines Jailbreaks. Es dauert dann meist einige Wochen, bis eine der in der Szene aktiven Hackergruppen einen neuen Jailbreak publiziert. Da jedoch Apple die neuen Versionen zuerst einem öffentlichen Test unterzieht, ist häufig schon bei Veröffentlichung einer neuen Version ein Jailbreak verfügbar (siehe Abb. 7). Seit den ersten Versionen seiner Geräte spielt Apple nun dieses „Katz-und-Maus-Spiel". Dabei ist Apple nicht wirklich schnell – oft vergehen Monate, bis man mit einer neuen Firmware die Jailbreak-Möglichkeit wieder abzuschalten versucht. Die Sicherheitsmaßnahmen wie Codesperre, die eingebaute Verschlüsselung der neueren Geräte sowie die Löschung des Geräts per Fernsteuerung oder nach fehlerhafter Codeeingabe sind durch einen Jailbreak meist zu umgehen.

Version	Veröffentlichung für IPhone Original	Veröffentlichung für IPhone 3G ff.	Veröffentlichung für iPad	behebt ein Sicherheitsproblem?	Anmerkungen	Datum des Jailbreaks dieser Version
initial	29.06.2007					10.07.2007
1.0.1	31.07.2007			X		
1.0.2	21.08.2007					
1.1	14.09.2007					
1.1.1	27.09.2007					10.10.2007
1.1.2	12.11.2007			X		
1.1.3	15.01.2008					
1.1.4	26.02.2008					
2.0	11.07.2008	11.07.2008		X		11.07.2008
2.0.1	04.08.2008	04.08.2008				07.08.2010
2.0.2	18.08.2008	18.08.2008				26.08.2008
2.1	09.09.2008	09.09.2008		X		13.09.2008
2.2	21.11.2008	21.11.2008		X		23.11.2008
2.2.1	27.01.2009	27.01.2009		X		28.01.2009
3.0	17.06.2009	17.06.2009		X		20.06.2009
iPhone 3GS		19.06.2009				07.07.2009
3.0.1	31.07.2009	31.07.2009		X	behebt eine seit 1.7.2009 bekannte SMS Lücke, die das iPhone zum Absturz bringen konnte	01.08.2009
3.1	09.09.2009	09.09.2009		X		16.09.2009
3.1.2	08.10.2009	08.10.2009				11.10.2009
3GS neues BootROM	08.10.2009	08.10.2009				26.10.2009
3.1.3		02.02.2010		X		02.05.2010
3.2			03.04.2010			02.05.2010
4.0		21.06.2010				21.06.2010
4.0.1, 3.2.1		15.07.2010	15.07.2010	X		01.08.2010
4.0.2, 3.2.2		11.08.2010	11.08.2010	X	behebt eine seit 1.8.2010 bekannte PDF Lücke, die remote ausgenutzt werden konnte	-

Abb. 7 iOS-Versionen und Jailbreaks bis August 2010 im Überblick

Ein Jailbreak auf die iOS-Versionen 3.2 oder 3.2.1 mittels der Seite „jailbreak-me.com" auf ein iPad ohne Code[9] hat ein Angriffspotenzial von 1 ($\leq$ ein Tag, Laie, öffentliche Infos, kein Zugang notwendig, Standardwerkzeug). Ein Jailbreak auf die iOS-Version 3.2 mittels der Jailbreaksoftware „Spirit" ist auch ohne Codeeingabe mit dem gleichen Angriffspotenzial möglich. Für diesen Jailbreak muss das iPad an einen PC angeschlossen werden; dort wird ein Programm gestartet. Nach etwa zwei Minuten ist der Jailbreak geglückt. Bei jedem Jailbreak wird typischerweise die Software „Cydia" installiert, die es – ähnlich wie Apple's App Store – ermöglicht, weitere Software nachzuladen. Um die Codesperre dauerhaft zu umgehen, ist die Modifikation des öffentlich verfügbaren Jailbreak durch einen Experten notwendig. Durch die Installation eines SSH-Daemon kann auf ein angegriffenes Gerät auch

---

[9]Für diesen Jailbreak ist ein Zugang zu einer Webseite mittels Safari notwendig. Dieser Zugang ist nur nach Deaktivierung der Codesperre oder auf iPads ohne aktiviertem Zugangscode möglich.

nach dem Kopieren aller Daten remote über das Netzwerk zugegriffen werden. Bis zur Installation einer neuen Firmware ist dieses Gerät dauerhaft kompromittiert.

Was aber gilt für die Geräte mit der aktuellen Firmware 3.2.2? Wie schwierig ist die Identifikation und Konstruktion eines neuen Jailbreaks? Bei der Analyse der beiden oben genannten Jailbreaks ergibt sich für die Erstkonstruktion folgende Angriffsschwierigkeit:

- $\leq$ drei Monate (10): Die Hackergruppen bestanden aus zwei bis vier Personen, der Jailbreak erschien etwa vier Wochen nach Erscheinen der Firmware
- Experte (6): Die Hackergruppen beschäftigen sich seit Erscheinen mit der Apple-Firmware
- Öffentliche Kenntnis über das System (0): Es wird nicht davon ausgegangen, dass es sich bei den Jailbreaks um irgendwie geartete Insiderarbeiten handelt.
- Unlimitierter Zugang zum Gerät (0): iPads können auch von Hackergruppen gekauft werden.
- Spezialwerkzeug (7): Für die Erstellung dieser Jailbreaks waren Reverse Engineering Tools notwendig.

Nach Bekanntwerden der Jailbreaks hat Apple immer den konkreten Fehler behoben. Eine systematische Nachsicherung erfolgte nicht. Es ist daher davon aus-zugehen, dass auch für künftige Jailbreaks wieder ein ähnlicher Aufwand zu treiben ist. Für das iPad ergibt sich damit folgende Situation (Stand August 2010):

- iPad mit iOS 3.2 mit Code:
  Angriffsschwierigkeit 9 (modifizierter Spirit-Jailbreak)
- iPad mit iOS 3.2 ohne Code:[10]
  Angriffsschwierigkeit 1 (jailbreakme.com)
- iPad mit iOS 3.2.1 mit Code:
  Angriffsschwierigkeit 23 (Neuentwicklung Jailbreak)
- iPad mit iOS 3.2.1 ohne Code:
  Angriffsschwierigkeit 1 (jailbreakme.com)
- iPad mit iOS 3.2.2 mit Code:
  Angriffsschwierigkeit 23 (Neuentwicklung Jailbreak)
- iPad mit iOS 3.2.2 ohne Code:
  Angriffsschwierigkeit 23 (Neuentwicklung Jailbreak)

Da neu gekaufte iPads derzeit mit der Firmware 3.2 ausgeliefert werden, ist für Benutzer, die dies wollen, jederzeit ein Jailbreak möglich. Die Version 3.2.2 schließt nur die Jailbreak-Lücke und bringt keine neuen Funktionen mit sich, die nicht auch in der Version 3.2.1 verfügbar wären. Es ist also derzeit für die Jailbreak-Community uninteressant, einen Jailbreak für die iOS-Version 3.2.2 zu entwickeln.

---

[10]Ein Angriff auf ein iPad, bei dem der Angreifer den Code kennt, ist technisch wie ein Angriff auf ein iPad ohne Code zu behandeln.

Aus Unternehmenssicht ist das die Idealsituation: Jeder, der sich gerne von der Kontrolle durch Apple befreien will, kann das tun. Gleichzeitig haben Unternehmen kein Sicherheitsproblem, wenn sie auf die aktuellste Firmware umsteigen. Dies ist natürlich nur eine temporäre und brüchige Sicherheit. Wenn Apple das nächste größere Update macht, wird dieses wieder intensiv angegriffen werden. Und der dann folgende Jailbreak wird wahrscheinlich abwärtskompatibel sein.

Wie kommt es aber trotz aller oben geschilderten Sicherheitsmaßnahmen zu einem Jailbreak? Zum einen ist eine Angriffsschwierigkeit von 23 für ein Client-Betriebssystem nicht wirklich gering. Für die übliche Windows-Installation mit Microsoft Office sowie Adobe-PDF und Flash wurden in den Monaten Juni bis August 2010 mindestens zehn Code Execution-Lücken mit einer Verzögerung von etwa vier bis sechs Wochen geschlossen.[11] Es ist also derzeit üblich, dass ein bis zwei funktionierende Code Execution-Lücken für Standard-PCs bekannt sind. Wendet man auf diese Historie die gleichen Überlegungen wie oben an, dann ist die Angriffsschwierigkeit für eine Code Execution-Lücke in Windows wohl eher niedriger.

Auf der anderen Seite ist die Hacker-Community für das iPhone groß und die Experten haben durch ihre bisherige Arbeit einen sehr tiefen Einblick in das Innenleben des iPhone erhalten können.[12] An einigen Stellen hat Apple auch Artefakte aus dem Entwicklungsprozess zurückgelassen. So gibt es auf dem iPad zwei Benutzer, denen ein Login gestattet ist: root und mobile. Das Passwort von root ist „alpine", das von mobile ist "dottie" (siehe Abb. 8). Es ist nicht klar, warum diese Passwörter als „Defense in Depth"-Maßnahme nicht auf jedem iPad zufällig gewählt sind.

Sicherheitsüberlegungen für native Apps

Es gibt zwei Arten von nativen Apps. Die im Gerät mitgelieferten Apps befinden sich auf der Firmwarepartition. Diese Apps laufen vermutlich mit höheren Rechten – diese „System-Apps" dürfen Code ausführen, der in Apps aus dem App Store

---

[11] Siehe

http://www.microsoft.com/technet/security/Bulletin/MS10-038.mspx
http://www.microsoft.com/technet/security/Bulletin/MS10-033.mspx
http://www.microsoft.com/technet/security/Bulletin/MS10-035.mspx
http://www.microsoft.com/technet/security/Bulletin/MS10-042.mspx
http://www.microsoft.com/technet/security/Bulletin/MS10-045.mspx
http://www.microsoft.com/technet/security/bulletin/MS10-046.mspx
http://www.adobe.com/support/security/bulletins/apsb10-15.html
http://www.adobe.com/support/security/bulletins/apsb10-17.html
http://www.adobe.com/support/security/bulletins/apsb10-16.html
http://www.adobe.com/support/security/bulletins/apsb10-09.html (alle zuletzt abgerufen am 22.8.2010).

[12] Siehe z.B. http://wikee.iphwn.org/ oder die Dokumentation des ersten Jailbreaks unter http://wikee.iphwn.org/s5l8900:pwnage (zuletzt abgerufen am 22.8.2010).

```
msg-Automotive-iPad:/var/mobile/Applications root# cat /etc/master.passwd
##
# User Database
#
# This file is the authoritative user database.
##
nobody:*:-2:-2::0:0:Unprivileged User:/var/empty:/usr/bin/false
root:WWyzrkuKURjaQ:0:0::0:0:System Administrator:/var/root:/bin/sh
mobile:uCIotQEQALWH.:501:501::0:0:Mobile User:/var/mobile:/bin/sh
daemon:*:1:1::0:0:System Services:/var/root:/usr/bin/false
_wireless:*:25:25::0:0:Wireless Services:/var/empty:/usr/bin/false
_securityd:*:64:64::0:0:securityd:/var/empty:/usr/bin/false
_mdnsresponder:*:65:65::0:0:mDNSResponder:/var/empty:/usr/bin/false
_sshd:*:75:75::0:0:sshd Privilege separation:/var/empty:/usr/bin/false
_unknown:*:99:99::0:0:Unknown User:/var/empty:/usr/bin/false
msg-Automotive-iPad:/var/mobile/Applications root# cat /etc/passwd
#
# 4.3BSD-compatable User Database
#
# Note that this file is not consulted for login.
# It only exisits for compatability with 4.3BSD utilities.
#
# This file is automatically re-written by various system utilities.
# Do not edit this file.  Changes will be lost.
#
nobody:*:-2:-2:Unprivileged User:/var/empty:/usr/bin/false
root:*:0:0:System Administrator:/var/root:/bin/sh
mobile:*:501:501:Mobile User:/var/mobile:/bin/sh
daemon:*:1:1:System Services:/var/root:/usr/bin/false
_wireless:*:25:25:Wireless Services:/var/empty:/usr/bin/false
_securityd:*:64:64:securityd:/var/empty:/usr/bin/false
_mdnsresponder:*:65:65:mDNSResponder:/var/empty:/usr/bin/false
_sshd:*:75:75:sshd Privilege separation:/var/empty:/usr/bin/false
_unknown:*:99:99:Unknown User:/var/empty:/usr/bin/false
msg-Automotive-iPad:/var/mobile/Applications root# ▇
```

Abb. 8 User-Accounts auf einem iPad mit Jailbreak

verboten ist. Apps aus dem App Store werden auf der zweiten, der Datenpartition installiert. Für den Start dieser Apps legt das iOS eine sogenannte „Change Root"-Umgebung (chroot) an, die verhindert, dass die Applikationen Zugriff auf das gesamte Dateisystem bekommen. Außerdem werden die Apps von Apple kontrolliert bevor diese freigegeben werden. Obwohl der Prüfprozess von Apple geheim ist, scheint klar, dass der Aufruf von undokumentierten und nicht für Apps zugelassenen Systemschnittstellen geprüft wird. Die beste Beschreibung, was eine App darf und was nicht findet sich im iDPLA.[13]

Die neueren iOS Versionen bieten den Apps Funktionen für den Zugriff auf die Cryptofunktionen (also das oben erwähnte „TPM") und die sichere Speicherung von eigenem Schlüsselmaterial. Selbstverständlich kann eine App eine Verschlüsselung der eigenen Daten auch in „Eigenregie" durchführen. D.h. eine App kann aus

---

[13]Das iDPLA ist eigentlich vertraulich. Eine etwas ältere Version steht jedoch bei Wikileaks zur Verfügung: http://wikileaks.org/wiki/Apple_iPhone_SDK_Agreement.

einem Benutzerkennwort einen Schlüssel ableiten und die eigenen Daten mit diesem Schlüssel verschlüsseln und erst dann im Flash des iPad speichern. Solche Sicherungsmaßnahmen halten zwar einem gezielten Angriff durch einen Jailbreak oder Apple nicht Stand, verhindern aber selbst auf einem iPad mit Jailbreak einen einfachen Zugriff auf die Daten.

Generell gilt aber die dringende Empfehlung, keine Unternehmensdaten auf einem iPad zu speichern und das iPad „nur" als Frontendgerät für Unternehmensapplikationen auf HTML5-Basis zu verwenden. Wird ein iPad gestohlen oder kompromittiert, kann durch eine Sperrung der Zugangs auf Serverseite der Informationsabfluss gestoppt werden. Diese Empfehlung gilt auch für E-Mail und Kalender: auch hier sollten statt der im iPad eingebauten Funktionen nur HTML5-Apps verwendet werden. Folgt ein Unternehmen diesen Hinweisen, so sind faktisch keine vertraulichen Daten im iPad gespeichert und ein Diebstahl des Geräts ist nutzlos. Die verbleibende Bedrohung durch Installation einer Lauschsoftware (Rootkit) oder Trojaners mittels Jailbreak bleibt trotz dieser Empfehlung gefährlich.

Remote-Angriffe und Gefährdung durch Viren

Bisher nimmt Apple für sich in Anspruch, von Viren verschont worden zu sein. Die PDF-Lücke des letzten Jailbreaks kann aber durchaus als Basis für die Verbreitungsroutine eines Virus dienen. Die Entwicklung eines Virus würde die Besitzer der Apple-Geräte völlig unvorbereitet treffen, denn einen Virenschutz gibt es auf den Geräten derzeit nicht. Apple hat sehr schnell (binnen zehn Tagen) reagiert und ein Firmwareupdate geliefert, das den Fehler behebt. Smartphone-Betriebssysteme – egal ob Googles Android oder Apple's iOS – werden aber dank ihrer großen Verbreitung für Angreifer immer interessanter. Es ist nur eine Frage der Zeit, bis sich die Angreifer nicht mehr auf die Windows-, sondern auf die Smartphone-Betriebssysteme konzentrieren.

Ohne ein Sicherheitsproblem kann auf den Geräten nur Software installiert werden, die von Apple geprüft und freigegeben wurde. Während diese Einschränkung Apple immer wieder Kritik einbringt, ist die Tatsache, dass nicht jede beliebige Software aus dem Internet installiert werden kann, aus Sicherheitssicht zu begrüßen. E-Mails, die dazu einladen, einen Trojaner zu installieren, wird es auf dem iPad nicht geben. Selbst wenn ein Trojaner als „App" die Apple-Kontrollen passieren sollte, wird Apple beim ersten Anzeichen von Missbrauch das Programm aus dem hauseigenen App Store und durch ferngesteuertes Löschen von allen iPads und iPhones entfernen. Die derzeitigen Virenschutzsysteme basieren auf Verbotslisten, sodass bestimmte Muster in Softwareprogrammen verboten werden – die Betriebssysteme erlauben aber eigentlich die Installation beliebiger Software. Bereits seit längerem wird auch für Windows-PCs über eine neue Art Virensoftware diskutiert, bei der nicht „schlechte" Software verboten, sondern gute erlaubt wird. Apple verfolgt mit dem System der Softwaresignaturen einen solchen Ansatz. Es ist daher vergleichsweise unwahrscheinlich, dass Viren und Malware, wie wir sie heute kennen, in größerem Maße auf dem iPad auftreten.

Auch für die Entwicklung eines gezielten Hackerangriffs auf ein iPad ohne physikalischen Zugriff auf das Gerät ist daher mindestens eine Angriffsschwierigkeit von 23 anzusetzen. In dieser Betrachtung sind nur die Gefahren enthalten, die der Einsatz eines iPads direkt mit sich bringt. Eine Webseite, die z.b. verwundbar für Cross Side Scripting (XSS) ist, kann einen iPad Benutzer genauso in die Irre führen und ihm z.b. wichtige Passwörter entlocken wie einem Benutzer eines PC-Browsers.

Aufgrund der Einschränkungen des iOS für zugekaufte Apps (keine Zugriffmöglichkeiten auf das Betriebssystem und andere Apps) sind zusätzliche Sicherheitsschichten nicht per App von einer Drittfirma realisierbar. Dies bleibt Apple selbst vorbehalten.

Sichere Erstellung von HTML5-Apps

HTML5 ist eine neue Technologie. Angriffe auf HTML5-Apps sind sowohl server- als auch clientseitig vorstellbar. Dennoch können die erprobten und bewährten Methoden der IT-Sicherheit von bisherigen Webanwendungen auch auf HTML5 übertragen werden (siehe z.B. den Sicherheitsprozess in der Softwareentwicklung in Abb. 9). Im Folgenden sind einige wichtige Regeln und Best Practices für die Programmierung eigener Anwendungen zusammengetragen.

Der Code am Client ist nicht gegen Veränderungen geschützt, der Server ist sicher. Auch in HTML5-Applikationen müssen sämtliche Sicherheitsmaßnahmen im Server getroffen werden, denn ein Hacker programmiert sich womöglich einen eigenen Client und würde damit alle Client-Schutzmaßnahmen aushebeln.

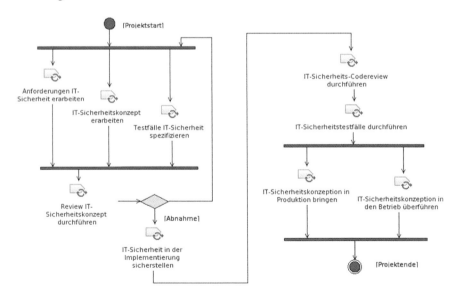

Abb. 9 Sicherheitsprozess in der Softwareentwicklung

Zusätzliche Client-Validierungen sind für die Benutzerfreundlichkeit möglicherweise hilfreich und werden in HTML5 auch vom Benutzer erwartet, aus Sicherheitssicht sind diese aber irrelevant und müssen am Server wiederholt werden.

Jede Schnittstelle nach außen ist ein potentielles Sicherheitsrisiko (z.B. zum Betriebssystem, zu anderen Applikationen, aber auch der Zugriff auf Dateien und Datenbanken oder Drittlibraries). Die meisten Verwundbarkeiten beruhen auf unsauberem Parsing der übergebenen oder zurückkommenden Werte. Ein Programmierer sollte immer mit völlig unsinnigen Daten rechnen (Sonderzeichen, mehrere Gigabyte Größe, 0-Werte, falsche Struktur etc.).

Theoretisch ist jeder, der netzwerktechnisch an die Anwendung gelangen kann, ein potenzieller Angreifer. Im Internet ist das häufig die ganze Welt. Beim Programmieren sollte man immer an diese Menschen denken.

Unsicherheiten bei der Programmierung, fehlendes Know-how, schlechte Kommunikation und Zeitdruck sind die Ursachen für die meisten Fehler. Sicheres Programmieren erfordert Sorgfalt und Fachwissen. Die genaue Klärung der Aufgabenstellung und Nachfrage bei Unsicherheiten erhöhen die Qualität der Arbeit und die Sicherheit der Anwendung. Schnelle, unter Zeitdruck programmierte Lösungen sind meist ebenso unsicher wie Quellcode, bei dem immer wieder dazu- oder herumgestrickt wurde. Wenn möglich, sollte während der Entwicklungsphase der Code immer mal wieder nach Sicherheitsgesichtspunkten überprüft werden. Dies gilt im Besonderen bei der Verwendung neuer Technologien wie HTML5.

Eine Anwendung darf keine unnötigen Remote-Zugriffe erlauben. Jede externe Schnittstelle zur Anwendung sollte so minimal wie möglich und nötig gestaltet sein und keine unnötige Flexibilität verwenden. Einfache und klare Methoden mit voneinander abgegrenzten Aufgaben fördern die Übersichtlichkeit und vermeiden Missbrauchsmöglichkeiten. Jede externe Schnittstelle sollte gut dokumentiert sein. Dies gilt besonders für die HTML5-Client-Schnittstelle zum Javascript Code.

Die Benutzerauthentisierung trennt Angreifer von Benutzern. Es ist daher besondere Umsicht bei der Implementierung dieser sicherheitstechnischen Kernfunktionalität erforderlich. Vorhandene Frameworks sollten gemäß den Implementierungsanweisungen benutzt werden. Der Authentifizierungscode ist nicht die richtige Stelle für technische Experimente. Möglichst viele der Netzwerkinterfaces sollten mit Benutzerauthentifizierung geschützt werden. Dies verringert die Anzahl möglicher Angriffspunkte. Mit technischen Benutzern sollte erst gearbeitet werden, wenn keine andere Möglichkeit mehr besteht. Idealerweise wird die Benutzer-authentifizierung bis in die Back-End-Systeme durchgereicht.

Autorisierung sollte an allen Stellen eingebaut bzw. geprüft werden, die dies benötigen; auch dabei darf man sich nicht auf die HTML5-Clientseite verlassen. Gleiches gilt für das Session-Handling: Keine Passwörter und sensiblen Daten an den Client senden.

Die Offlinefähigkeiten von HTML5 sind mit Bedacht zu nutzen: Sensible Daten dürfen nicht im HTML5-Offline Storage gespeichert werden. Die Offlinefähigkeit sollte sich nur auf Bilder und öffentliche Seiten beschränken.

Test- und Democode werden klar gekennzeichnet und nicht über das ganze Projekt verstreut, sondern in einzelnen Modulen zusammengefasst. Des Weiteren sollten Schalter zum Ein- und Ausschalten von Sonderfunktionen vorgesehen und klar dokumentiert werden. Debugcode wird wieder aus dem Programm entfernt, wenn der Fehler gefunden wurde. Nicht zuletzt sollte man sporadisch daran denken, unbenutzten und nicht mehr benötigten Code zu entsorgen.

Nur eine sinnvolle Dokumentation hilft, die Qualität eines Quellcodes dauerhaft zu erhalten. Die Dokumentation muss so genau sein, dass ein geübter Programmierer alle Hinweise daraus entnehmen kann, die er zum Verständnis eines Quellcodes braucht. Es ist dabei nicht notwendig, zu beschreiben, was jede einzelne Codezeile macht, sondern nur das, was mit dem „Code-Block" bezweckt wird (insbesondere bei sicherheitskritischen Funktionalitäten). Sicherheitsrelevante Design- und Programmierentscheidungen sind zentral zu dokumentieren.

Best Practices für die eigene iPad-Security Policy

Typischerweise wird ein Unternehmen eine iPad-Security Policy herausgeben, bevor der Einsatz von iPads erlaubt wird. Diese Policy sollte, basierend auf der Laptop- bzw. PC-Security Policy, um sinnvolle Teile aus der Handy-Security Policy ergänzt werden (wohl nur wenige, da das iPad weder Kamera noch Handy-Funktionen hat). Zusätzlich sollten folgende Punkte in der Security Policy berücksichtigt werden:

- Vertrauliche Daten dürfen nur verschlüsselt (VPN oder SSL/TLS) übertragen werden. Die Authentifizierung an Unternehmensanwendungen sollte mit einem Hardware-Token (z.B. SecureID) erfolgen. Das iPad bietet alle dazu notwendigen Optionen an.
- Vertrauliche Daten müssen vom iPad entfernt werden, sobald diese nicht mehr benötigt werden. Die Ablage von geheimen Daten auf dem iPad ist nicht erlaubt.
- Die Installation von nicht im Unternehmen freigegebener Software ist verboten, der App Store ist deaktiviert.
- Nach Aufforderung per E-Mail ist das iPad zur Installation einer neuen Firmware schnellstmöglich (binnen drei Arbeitstagen) an einen Unternehmens-PC mit iTunes anzuschließen.
- Beim Verdacht eines Angriffs (z.B. nachdem das iPad versehentlich längere Zeit in einer unsicheren Umgebung lag, oder wenn plötzlich neue Programme auf dem iPad installiert sind) sollte ein Experte zu Rate gezogen werden.
- Der IT-Betrieb etabliert Prozesse rund um das „Remote Löschen" des iPad und macht diese den Mitarbeitern bekannt. Die Mitarbeiter verpflichten sich, einen Verlust sofort zu melden.
- Die Passwortrichtlinie des Unternehmens gilt auch für das iPad. Die Möglichkeit, den Code zu deaktivieren, wird im Profil verboten.
- Per Profil wird die Verschlüsselung des Backups forciert.
- Jede neue HTML5-Anwendung durchläuft einen iPad-spezifischen Penetrationstest. Gegebenenfalls wird für neue Projekte ein Security Source Code-Review durchgeführt, um die Lernkurve im Sicherheitsbereich zu beschleunigen.

Datenschutz und Überwachung

Das iPad steht unter der Kontrolle von Apple. Wenn ein Unternehmen die Firma Apple nicht als vertrauenswürdigen Partner ansieht, so sollte auf die Anschaffung von iPhone und iPad verzichtet werden. Die Kontrolle von Apple über das iPad ist nicht stärker oder schwächer als die Kontrolle von Microsoft über die Windows mobile Geräte, von Google über die Android-Handys oder von Research in Motion über die Blackberries.

Im iPad wird kein Log über die Benutzung oder die Position des Geräts geführt. Eine Arbeitskontrolle oder Überwachung der Mitarbeiter ist ohne eine Zusatzsoftware nicht möglich.

Bei entsprechender Freischaltung kann ein iPad über die SIM Karte und das GSM-Netzwerk geortet werden. Eine Fernortung per GPS ist ohne Zusatzsoftware nicht möglich.

In Bezug auf Datenschutzaspekte und das Thema „gläserner Mitarbeiter" ist das iPad daher analog zu einem Laptop oder einem Smartphone zu sehen. Dementsprechend können bestehende Betriebsvereinbarungen und Regelungen in den Policies weiter verwendet werden. Um die Akzeptanz der Mitarbeiter für die neue Technologie zu erhöhen sollten diese Regelungen folgenden Absatz enthalten:

- Die Ortung oder Überwachung von unternehmenseigenen Mobilgeräten ist nicht gestattet. Ausnahmefälle sind nur nach Zustimmung von Betriebsrat und Datenschutzbeauftragtem zulässig.

Wirtschaftlichkeit

Das iPad im Unternehmenseinsatz kann anfangs durchaus mit weichen Faktoren wie Erfahrungsaufbau durch Piloteinsatz, Imagegewinn nach innen oder außen durch technische Vorreiterrolle oder Ähnliches motiviert werden.

Mittelfristig und vor allem bei Nutzung in großem Umfang muss sich eine iPad-Nutzung wie jede andere IT-Nutzung selbstverständlich einer Wirtschaftlichkeitsbetrachtung stellen.

Hierfür gelten die üblichen Methoden[1] zur wirtschaftlichen Bewertung, Kosten/Nutzenrechnung und für einen Investitionsprozess in einem Unternehmen zum Beispiel nach der Kapitalwertmethode (net present value).[2] Es sollte das im Unternehmen etablierte Verfahren gewählt werden.

Bei der Betrachtung der Wirtschaftlichkeit müssen folgende Faktoren betrachtet werden:

- Welche Geschäftsprozesse im Unternehmen können durch den Einsatz des iPad optimiert und in ihrer Effizienz gesteigert werden?
- Wie kann der betriebswirtschaftliche Vorteil quantifiziert werden?
- Wie fließen die qualitativen Faktoren (wie Nutzen- und Risikobetrachtung) ein und wie werden diese bewertet?

Bei der Einführung des iPad ist die Frage zu beantworten, welchen Wertbeitrag das iPad für die Erreichung der Unternehmensziele leistet. Weiter ist zu ermitteln, für welches Nutzerspektrum das iPad eingeführt werden soll. Dieses ist je nach Wirtschaftszweig, in dem das Unternehmen tätig ist, unterschiedlich. Hat man sich mit diesen Fragenstellungen auseinandergesetzt, kann ermittelt werden, welche Zielgruppe bereit ist, welchen Beitrag in welcher Weise für das über das iPad bereitgestellte Angebot zu leisten.

Die einzelnen Kosten- und Nutzen-Faktoren rund um das iPad müssen je Anwendungsfall und je Unternehmen spezifisch betrachtet werden. Eine Hilfestellung dazu soll folgende Liste geben.

---

[1] Siehe z.B. Ralph Brugger: Der IT Business Case
[2] Siehe z.B. http://de.wikipedia.org/wiki/Kapitalwert

F. Oelmaier et al., *Apple's iPad im Enterprise-Einsatz*, Xpert.press,
DOI 10.1007/978-3-642-15437-9_11, © Springer-Verlag Berlin Heidelberg 2011

Kosten

1. Hardwarekosten
   Man muss vier Fälle unterscheiden:

   a. iPad als Zusatzgerät für eine ausgewählte Nutzergruppe
      Messung: Die Kosten für die Anschaffung des iPad sind komplett negativ auf den Business Case zu verbuchen.
   b. iPad als Ersatz für einen Tablet-PC oder ein dediziertes Mobilgerät
      Messung: In Fällen, in denen bisher bereits ein Tablet-PC oder ein mobiles Datenerfassungsterminal z.B. zur Lagerverwaltung verwendet wurde, können die Kosten des iPad den Kosten für die – meist teureren – bisher verwendeten Geräte gegengerechnet werden.
   c. iPad und Thin Client am Arbeitsplatz als Alternative zum Laptop.
      Messung: Anstelle der Anschaffung eines Laptops mit Dockingstation am Arbeitsplatz tritt die Anschaffung eines Thin Clients und eines iPads. Die Kosten sind wohl ähnlich hoch, typischerweise sind die Verwaltungs- und Administrationskosten einer Thin-Client-Lösung gegenüber einer Laptop-Lösung jedoch geringer. Für einen echten Vergleich muss eine Total Cost of Ownership Rechnung durchgeführt werden.
   d. iPad und PC/Laptop im Hardwaresharing
      Messung: Anstelle eines Laptops für jeden Mitarbeiter werden etliche PCs oder Laptops und einige iPads gekauft. Ein Mitarbeiter der im Außerdienst unterwegs ist, kann eines der iPads verwenden, sein PC am Arbeitsplatz bleibt frei für einen anderen Mitarbeiter. Gemessen wird der Unterschied zwischen den Anschaffungskosten eines Laptops je Mitarbeiter im Vergleich zu den nun entstehenden Hardwarekosten.

2. Zusätzliche Betriebskosten
   Aktuell ist davon auszugehen, dass ein IT-Mitarbeiter etwa 50 bis 100 iPads betreuen kann. Im Laufe der Zeit kann sich dies durch verbesserte Toolunterstützung noch verändern.

3. Softwareentwicklungskosten
   Die Kosten für die Anpassung von Anwendungsfällen an das iPad sind nicht zu unterschätzen. Alleine eine Anforderungsanalyse und die Entwicklung eines Storyboards, das es erlaubt, die Nutzenpotentiale zu heben, nimmt pro Anwendungsfall schnell 20 - 40 Personentage in Anspruch. Die Aufwände für die IT-Konzeption, Entwicklung, Test und Rollout hängen stark vom verwendeten Backendsystem ab. Es empfiehlt sich, im Rahmen der Investitionsentscheidung ein verbindliches Angebot einzuholen.

4. Zusätzliche Diebstahlrisiken
   Es gibt noch keine verlässlichen Zahlen über zusätzliche Diebstahlrisiken. Bis dahin sollte der im Unternehmen entstehende Schaden durch Laptop-Diebstahl hochgerechnet werden. Eine mögliche Hochrechnung könnte über das Verhältnis der Laptop-Hardware-Anschaffungskosten zu den iPad-Hard-

ware-Anschaffungskosten funktionieren. Gleichzeitig sollten jährliche die echten Schadenshöhen gemessen werden.

5. Zusätzliche Sicherheitsrisiken
   Sicherheitsrisiken scheinen oft schwer einschätzbar und werden daher in den Rechnungen nicht berücksichtigt. Eine gute Schutzbedarfsanalyse enthält jedoch eine gute Abschätzung des Schadens- und der Eintrittswahrscheinlichkeit. Der Vergleich einer Schutzbedarfsanalyse für ein bestimmtes Projekt ohne iPad-Einsatz und mit iPad sollte einen guten Anhaltspunkt geben. Dabei ist zu beachten dass in einer Schutzbedarfsanalyse Schadenshöhen manchmal aus politischen Gründen übertrieben werden, um die Wichtigkeit des eigenen Projekts zu betonen. In solchen Fällen empfiehlt es sich, nach den entstandenen Schäden im letzten Jahr zu fragen, um einen Eindruck für die Genauigkeit der Schutzbedarfsanalysen zu bekommen.

Nutzen

1. Einsparung von Arbeit durch Mobilität
   Dadurch, dass der IT-Arbeitsplatz eines Mitarbeiter zu sämtlichen Außendiensteinsätzen mitwandern kann, werden Medienbrüche vermieden und Erkenntnisse können direkt vor Ort in das IT-System eingegeben werden. Dies spart Arbeitszeit. Diese Arbeitszeit kann anderweitig verwendet werden und es können Gehaltskosten eingespart werden.
   Messung: Messung des Verhältnisses von Außendiensteinsätzen zu Bürozeiten.
   Messzeitpunkte: vor Einführung des iPad wird ein Zeitraum von einem Monat gemessen, 3 Monate nach Rollout wird wieder ein Zeitraum von einem Monat gemessen. Das Ergebnis wird mit der Anzahl Systembenutzer hochgerechnet und mit dem durchschnittlichen Gehalt bewertet.

2. Bessere Arbeitsorganisation / Schnellere Bedienbarkeit
   Durch geringere Wegezeiten und eine bessere Bedienbarkeit können Arbeiten schneller erledigt werden.
   Messung: Die Durchlaufzeit eines Arbeitsschrittes wird stichprobenmäßig gestoppt. Dies erfolgt sowohl vor als auch nach dem iPad-Rollout.

3. Weniger Fehlbedienungen
   Der Nutzen durch weniger Fehlbedienung ist je Anwendungsfall sehr unterschiedlich. Es empfiehlt sich den Schaden durch Fehlbedienung beim Mangement einer betroffenen Unternehmenseinheit im Vorfeld für das Projekt ohne iPad und ab dem Rollout des iPad regelmäßig zu erfragen.

4. Einsparung von Einarbeitungs- und Einlernzeiten
   Messung: Eine mögliche Messung wäre die regelmäßige Befragung von neuen Mitarbeitern, während des ersten Monats in dem diese mit dem System arbeiten. Die Benutzer werden gefragt, wie viel Zeit pro Tag sie mit Einarbeitung und Einlernen verbringen. Die Befragung wird nach Einführung der iPad-Lösung wiederholt. Das Ergebnis muss auf die Anzahl der neuen Systembenutzer pro Jahr hochgerechnet werden und mit einem Durchschnittsgehalt bewertet.

5. Mitarbeitermotivation, Imagegewinn gegenüber Kunden, Partnern und Bewerbern
   Überall, wo Menschen arbeiten, spielen Emotionen eine Rolle. Das iPad ist ein Lifestyle-Gerät und weckt als solches eine Vielzahl von Emotionen wie Freude, Stolz oder Neid. Solche Emotionen sind nur schwer messbar. Während es durchaus Sinn macht, diesen Faktor im eigenen Business Case zu erwähnen, sollte auf eine Messbarkeit verzichtet werden.

Jede Modellierung für eine Wirtschaftlichkeitsrechnung lebt von der Planungsehrlichkeit. Nur dann wird eine solche Rechnung Akzeptanz im Management erfahren. Unsichere Analysen und die subjektive Betrachtung von Faktoren sind dabei unvermeidbar - sind aber im Zweifelsfalle besser als keine Analyse.

Die Entscheidung für den Rollout eines iPad kann auch nicht anhand rein finanzieller Kennzahlen getroffen werden. Strategische Gründe (z.B. „Apple ist ein Konkurrenzunternehmen unseres wichtigsten IT-Partners.") oder ressourcenbezogene Gründe (z.B. „Die interne IT hat mit der Fusion noch genug zu tun.") können eine Entscheidung kippen lassen. Am Ende muss trotz aller Analysen noch ein gewisser Raum für ungezielte Innovationen und „Bauchgefühle" bleiben.

Einsatzmöglichkeiten für das iPad

Der Strukturwandel in der Wirtschaft von der Produktions- hin zur Dienstleistungsgesellschaft hält nach wie vor an. Dieser Trend hat direkten Einfluss auf die Informations- und Kommunikationstechnologien, aber auch in anderen wachstumsorientierten Naturwissenschaften wie z.B. der Biotechnologie werden Dienstleistungsangebote entstehen. Die Globalisierung der Märkte und somit auch des Arbeitsmarktes bedingt eine steigende Mobilität in europäischen und globalen Wirtschafträumen. Darüber hinaus werden sich die wirtschaftlichen Verflechtungen durch die Öffnung der Europäischen Union weiter intensivieren, was zur Folge hat, dass die Informationstechnologie eine Schlüsseltechnologie zur Schaffung der notwendigen Informationstransparenz sein wird.

Der demografische Wandel der Gesellschaft in Deutschland, und in der EU wird die Unternehmen zwingen, die Arbeitsbedingungen an die Bedürfnisse der älteren ArbeitnehmerInnen auszurichten, um diese länger in den Betrieben halten zu können. Dies ist erforderlich, da die Verfügbarkeit von hochqualifiziertem Nachwuchs zurückgehen wird.

Bei der Betrachtung von Einsatzmöglichkeiten des iPad im Unternehmen müssen auch die „allgemeinen Umfeldfaktoren" berücksichtigt werden.

Bei der Auswahl von geeigneten Geschäftsprozessen und Aufgaben für das iPad reicht es nicht, Aufgaben zu identifizieren, die sich mobil mit einem Laptop oder auf einem PDA erledigen lassen. Vielmehr muss das Augenmerk auf folgende Fragestellungen gelenkt werden:

- Welche Prozesse und Aufgaben finden in der Bewegung des Mitarbeiters statt?
- Welche Prozesse und Aufgaben finden an unterschiedlichen Einsatzorten statt?
- Wo liegt der Fokus des Mitarbeiters am realen Prozess und in der realen Aufgabe und nicht an den Daten aus der virtuellen Informationswelt?
- Welche Interaktionen finden zwischen dem Mitarbeiter und Dritten (Kunde, Kollege etc.) statt?
- Wo entstehen Synergien zwischen einzelnen Anwendungen auf dem mobilen Gerät (z.B. Navigation und CRM-System, um die Bestellung des Kunden durch den Außendienstmitarbeiter zu erfassen)?
- Wo entstehen Vorteile, wenn Inhalte bezogen auf den lokalen Raum, in dem sich der iPad-Benutzer bewegt, dargestellt werden können?

F. Oelmaier et al., *Apple's iPad im Enterprise-Einsatz*, Xpert.press,
DOI 10.1007/978-3-642-15437-9_12, © Springer-Verlag Berlin Heidelberg 2011

- Kommt es zur Verlagerung von Prozessen und somit zu einer Anpassung der Organisation?

Diese Fragestellungen können in einem Strategieworkshop mit den verschiedenen Bereichen im Unternehmen erarbeitet werden. Im Anschluss sollte dann eine Quick-Win-Liste darüber erstellt werden, wo in kurzer Zeit der größte Mehrwert für das Unternehmen entstehen kann. Basierend auf dieser Prioritätenliste werden die zukünftigen Aufgaben (Beschaffungsprozess, Aufbau Betrieb, Anpassung der gewählten Applikationen auf das iPad usw.) ausgerichtet.

In der Regel werden heute die vorhandenen Geschäftsprozesse um die Anforderungen der mobilen Prozesse erweitert. Dies ist aber nur der erste Schritt. Richtet sich ein Unternehmen grundsätzlich auf die Unterstützung von mobilen Geschäftsprozessen aus, muss bei der zukünftigen Prozessmodellierung der Aspekt der Mobilität berücksichtigt werden. Somit entsteht sukzessive eine Prozesslandkarte, die aus verbesserten Prozessen im Einklang mit den Anforderungen der mobilen Welt besteht.

Folgende Checkliste ermöglicht eine Einschätzung, ob ein Geschäftsprozess durch das iPad sinnvoll unterstützt werden kann, jede „Zutreffend"-Antwort ist ein positives Indiz:

Fragestellung	Zutreffend	Teilweise zutreffend	Nicht zutreffend
Werden die Daten für den Geschäftsprozess in der Bewegung des Mitarbeiters erhoben?	☐	☐	☐
Wird der Geschäftsprozess an unterschiedlichen Orten ausgeführt?	☐	☐	☐
Sind für den Geschäftsprozess lokalisierungsrelevante Daten notwendig?	☐	☐	☐
Werden die Daten für den Geschäftsprozess über ein Formular manuell erhoben und anschließend elektronisch verarbeitet?	☐	☐	☐
Existiert für den Geschäftsprozess ein Webformular, oder ist die unterstützende Applikation eine Desktop-Anwendung?	☐	☐	☐
Ist der Geschäftsprozess über ein Webformular abgebildet, das sehr restriktiv ist?	☐	☐	☐
Kann ein Großteil der Daten für den Geschäftsprozess aus Stammdaten ausgewählt werden?	☐	☐	☐
Muss der Mitarbeiter unterschiedliche Medien nutzen, um die Daten für den Geschäftsprozess vollumfänglich erfassen zu können?	☐	☐	☐
Ist das aktuelle Bedienkonzept der Oberfläche für die Unterstützung des Geschäftsprozesses intuitiv zu verstehen?	☐	☐	☐

Fragestellung	Zutreffend	Teilweise zutreffend	Nicht zutreffend
Sind die aktuell existierenden Oberflächen nur durch die Nutzung der Hilfe zu bedienen?	☐	☐	☐
Können die Daten offline erfasst und im Anschluss an die Applikation übertragen werden (z.b. bei Ausfall der Mobilfunkverbindung)?	☐	☐	☐
Entstehen Synergien mit anderen Systemen, wenn Inhalte auf dem iPad dargestellt werden?	☐	☐	☐
Kann durch den Einsatz des iPad z.b. ein stationärer Rechner oder Laptop entfallen?	☐	☐	☐
Können durch den Einsatz des iPad mehrere Mitarbeiter einen Büroarbeitsplatz teilen, da diese nur sporadisch im Unternehmen sind (Schaffung von Pool-Arbeitsplätzen)?	☐	☐	☐
Ist der Workflow abhängig von der Aktivität (z.b. Freigabe) eines Benutzers, der nicht ständig vor Ort im Büro ist?	☐	☐	☐

Die Fragestellungen, welche Prozesse durch das iPad unterstützt werden können, können für jeden Wirschaftssektor angewendet werden. Da in diesem Buch nicht alle Sektoren vollständig betrachtet werden können, soll der nachfolgende Auszug Anregungen geben.

Dienstleistungsgewerbe

Branche	Kontext	Einsatzszenario
Versicherungen	Abschluss einer Police	Unterstützung des Versicherungsmaklers beim Kunden vor Ort, z.B. bei der Abwicklung einer Wohngebäudeversicherung (welche Schneelast ist für die Region zu erwarten, wie sind die Schadensbilanzen in der Region, wie häufig kommt es zu Unwetterschäden, wie hoch ist das Grundwasserniveau, wie alt sind die Deichanlagen usw.)
	Schadensfall-regulierung	Unterstützung des Schadensfallbearbeiters vor Ort bei der Abwicklung durch spezielle Lokalisierungsinformationen (Handwerkerliste in der Region usw.)
Gesundheitswesen	Krankenhaus	Abwicklung und Dokumentation der Visite in einem Krankenhaus (u.a. Darstellung von Röntgenbildern, CTG-Bildern)

Branche	Kontext	Einsatzszenario
		Unterstützung der Krankenschwester beim Dienst am Patienten (welche Medikamente sollen verabreicht werden etc.)
	Notfalleinsätze	Leitung und Dokumentation von Notarzteinsätzen im Krankenwagen/Hubschrauber
	Pflege	Information über die zu pflegende Person/Pflegemaßnahmen Dokumentation der durchgeführten Pflegemaßnahmen Anleitungen/Informationen für das Pflegepersonal
Gesellschaftliche Dienste	Kaminkehrer	Erfassung und Dokumentation der Messdaten der Heizungsanlagen
	Heizungsableser	Ablesung und Dokumentation von Verbrauchswerten der Mieter
	KFZ-Gewerbe	Aufnahme der Tätigkeiten am Fahrzeug zusammen mit dem Kunden (z.B. in der Direktannahme) Unterstützung des KFZ-Mechanikers vor Ort beim Kunden (z.B. auf der Autobahn) durch Darstellung von Fehlersuchbäumen für das liegengebliebene Fahrzeug
	Feuerwehr	Darstellung von Brandmeldeanlagen für den Einsatzführer am Einsatzort (inklusive Navigation zum Brandmelder)
	Lebensmittel-	Dokumentation von Verstößen gegen das Lebensmittelrecht und z.B. Darstellung von
	kontrolleur	Informationen zum geprüften Betrieb (wann zuletzt kontrolliert, welche Beanstandungen gab es bei der letzten Kontrolle usw.)
Logistik	Anlieferung Supply-Chain	Dokumentation von Anlieferschäden Optimierung der Überwachung von Lieferketten
	Flottensteuerung	Geographische Ortung der Fahrzeugflotte inklusive der Auftragsdaten, wenn der Disponent z.B. beim Kunden ist
	Flughafen	Unterstützung des Ramp-Agent bei der Abfertigung der Maschinen (z.B. Darstellung des Ladeplans für das gerade abgewickelte Flugzeug, Information, welche Menge an Gepäck verladen werden muss)
	Werkslogistik	Unterstützung des Teiledisponenten beim Abruf von Teilen für die Produktion aus dem Lager inklusive Darstellung der noch vorhandenen Mengen, wann die nächste Lieferung erwartet wird usw.)

Branche	Kontext	Einsatzszenario
Autovermieter	Flottenmanagement	Optimierung des Flottenmanagements (wann ist welches Auto wieder zur Buchung frei, Dokumentation von Schäden an den Fahrzeugen, Übertragung der GPS-Koordinaten des aktuellen Fahrzeugstandorts)
Tourismus	Reiseleitung	Unterstützung der Reiseleiter am Urlaubsort (welche Passagiere kommen wann und mit welcher Fluglinie an, auf welche Busse müssen die Pauschaltouristen verteilt werden etc.)
	Liegepläne	Belegungsplan für Liegen, Schirme, Strandkörbe
Personal-wesen	Assessment	Dokumentation der gemachten Beobachtungen in der Gruppenarbeit – aber auch Notierung von Informationen aus dem persönlichem Gespräch
Immobilien-markt	Makler	Bei der Besichtigung einer Wohnung kann der Makler dem Kunden das Exposé online zeigen und auch die Umgebungskarte z.B. mit den U-Bahn-Stationen, Öffentliche Einrichtungen usw. aufrufen. Weiter kann er auf weitere Angebote verzweigen, wenn dem Kunden das Objekt nicht zusagt

Produzierendes Gewerbe

Fokus	Kontext	Einsatzszenario
Unternehmensintern	Auditierung	Unterstützung des Auditors bei der Prüfung der Produktionsprozesse
	Management	Darstellung von Managementinformationen zu einem Produkt an jedem Punkt der Welt (z.B. in der Automobilindustrie die Sommer- und Winterfahrten)
	Qualitätsüberwachung	Erfassung und Dokumentation von Fehlern in der Produktion
		Dokumentation von visuellen Qualitätskontrollen bei Warenanlieferungen
	Werkslogistik	Kommissionierung von Waren im Lager
	Instandhaltung	Elektronische Datenerfassung von Wartungsarbeiten/Wartungsprotokol-len (TPM-Protokolle [1])

---

[1] TPM = Total Productive Maintenance

Fokus	Kontext	Einsatzszenario
	Prototypenaufbau	Dokumentation der Ist-Stückliste beim Aufbau eines Prototypen
		Dokumentation von Verbauabweichungen/Problemen
Unternehmensextern	Auditierung	Unterstützung des Auditors bei der Prüfung eines Lieferanten/Franchise-Partners
	Automobilverkauf	Der Verkäufer ist zusammen mit dem Kunden am Ausstellungsfahrzeug und dokumentiert die Bestellwünsche des Kunden

Konkurrenz und Ausblick

Nach dem Erfolg des iPad haben viele Hersteller ähnliche Geräte angekündigt. Google will bis Anfang 2011 sein Betriebssystem „Android" fit für Tablet-PCs machen. Dieses Kapitel soll die möglichen Konkurrenten des iPad kurz auf Basis der Herstellerangaben vorstellen. Da eine HTML5-Applikation generell portabel ist, kann das in diesem Buch favorisierte Vorgehen für Unternehmensanwendungen auf dem iPad grundsätzlich auch auf dieses Geräte übertragen werden[1].

Wirklich mit einem iPad vergleichbar sind dabei nur Geräte mit einer Bildschirmgröße von mindestens 7 Zoll (iPad: 9,7 Zoll) und einem kapazitiven Touchscreen, da ein (billigerer) resistiver Touchscreen zur Steuerung von Applikationen deutlich unbequemer ist. Bei der Marktbeobachtung fällt auf, dass auch andere Hersteller Geräte mit diesen Eigenschaften nicht signifikant billiger anbieten können als Apple. Spart man hingegen an einzelnen Komponenten (z.B. Akkuleistung, Bluetooth) sind teilweise deutliche Einsparungen möglich.

Cisco – Cius

Bildschirm:	7 Zoll Bildschirmdiagonale, 1 024 × 600 Auflösung, kapazitiver Touchscreen mit Multitouch
Netzwerk:	WLAN 801.11a/b/g/n, optional UMTS mit HSPDA, Bluetooth, Gigabit Ethernet Switch über optionale Dockingstation
Schnittstellen:	HDMI, Frontkamera (720p HD Videoencoding), Rückkamera (5 Megapixel), MicroUSB, MicroSD, Lautsprecher, Dual-Array Mikrofon
Betriebssystem:	Android 2.2 mit Chrome (WebKit-Basis)
Hardware:	Intel® Atom™ Prozessor Z615 (bis zu 1,6 GHz), 32 GB eMMC Speicher (per MicroSD Karte erweiterbar)
Akkulaufzeit:	wechselbar mit bis zu 8 h Laufzeit
Schwerpunkt:	Klarer Enterprisefokus mit Schwerpunkt auf Management (über Cisco Unified Communications Manager), Sicherheit,

---

[1] Dies gilt selbstverständlich nicht für die Überlegungen zur Sicherheit oder Betreibbarkeit. Diese müssen für andere Geräte getrennt betrachtet werden.

F. Oelmaier et al., *Apple's iPad im Enterprise-Einsatz*, Xpert.press, DOI 10.1007/978-3-642-15437-9_13, © Springer-Verlag Berlin Heidelberg 2011

Desktop-Virtualisierung sowie Kommunikation und virtuel-
le Zusammenarbeit. Beinhaltet integrierten Cisco AnyConnect
VPN Client und Cisco Collaboration Applikationen (Sprache,
Video, Instant Messaging, Presence, WebEx und Quad). Arbeitet
mit Cisco Telepresence und anderen Cisco Sprach- und
Videoendpunkten zusammen.

Webseite: http://www.cisco.com/en/US/products/ps11156/index.html

FusionGarage – joojoo

Bildschirm:	12,1 Zoll Bildschirmdiagonale, 1 366 × 768 Auflösung, Seiten-verhältnis 16:9, kapazitiver Touchscreen mit Multitouch
Netzwerk:	WLAN 801.11a/b/g/n
Schnittstellen:	USB, Audioausgang, Webcam, Lautsprecher, Mikrofon
Betriebssystem:	Nur Browser auf WebKit-Basis
Hardware:	Intel® Atom^{TM} Prozessor mit 1,6 GHz, Nvidia Ion Chipsatz, 4 GB Flash
Akkulaufzeit:	5 h
Schwerpunkt:	Surfen im Internet.
Preis:	359 EUR
Webseite:	https://thejoojoo.com/

WeTab GmbH – WeTab

Bildschirm:	11,6 Zoll Bildschirmdiagonale, 1 366 × 768 Auflösung, Seiten-verhältnis 16:9, kapazitiver Touchscreen mit Multitouch
Netzwerk:	WLAN 801.11a/b/g/n, optional UMTS mit HSDPA, Blue-tooth, GPS
Schnittstellen:	2x USB, Cardreader, Audioausgang, SIM Card Slot, HDMI, Webcam (1,3 Megapixel), Lautsprecher, Mikrofon
Betriebssystem:	MeeGo mit Chrome (WebKit-Basis)

Hardware:	Intel® Atom^{TM} N450 Pineview-M Prozessor mit 1,66 GHz, 32 GB Flash (per SDHC Karte erweiterbar um 32 GB), 1 GB RAM
Akkulaufzeit:	6 h
Schwerpunkt:	Positioniert als direkte Konkurrenz zum iPad im Consumermarkt, ab September erhältlich, preislich etwas günstiger als das iPad.
Webseite:	http://wetab.mobi

MSI – WindPad

Die Markteinführung steht erst noch bevor. Der Hersteller konnte noch keine exakten Angaben zu Design und Technik bestätigen. Änderungen an den folgenden Spezifikationen sind somit noch möglich.

Bildschirm:	10,1 Zoll Bildschirmdiagonale, 1 024 × 600 Auflösung, Seitenverhältnis 16:9, kapazitiver Touchscreen mit Multitouch
Netzwerk:	WLAN 801.11a/b/g/n, optional UMTS mit HSPDA, Bluetooth
Schnittstellen:	HDMI, USB, Audioausgang, SDHC Kartenslot, 1,3 Megapixel Webcam, Lautsprecher, Mikrofon, Dockingstation
Betriebssystem:	Windows 7 oder Android

Hardware:	Intel® Atom™ Prozessor Z530 mit 1,6 GHz, 32 GB Flash, 2 GB RAM
Akkulaufzeit:	8 h
Schwerpunkt:	Fokus auf Windows Software
Preis:	Vergleichbar mit dem iPad
Webseite:	http://www.msi-computer.de/

Weitere Ankündigungen

- Asus EeePad 10 Zoll mit Android und nVidia Chipsatz
- Asus EeePad 12 Zoll mit Windows 7 und Intel® Core Duo
- Samsung Galaxy Tab 7 Zoll (800 × 480) mit Android und eigenem ARM Prozessor
- Hannspree Tablet 10 Zoll (1 024 × 600) mit Android und 1 GHz Tegra-2 Prozessor[2]
- Medion Aldipad
- Adam Tablet[3]
- und viele weitere: siehe dazu http://www.androidtablets.net/

Bereits auf dem Markt sind einige Modelle, die allerdings mit dem iPad kaum vergleichbar sind:

- 1 und 1 SmartPad (7 Zoll Tablet mit resistivem Touchscreen, bereits wieder abgekündigt)[4]
- Edeka / Marktkauf Smartbook Surfer (7 Zoll Android Tablet mit resistivem Touchscreen)
- Dell Streak (großes Smartphone mit 5 Zoll kapazitivem Touchscreen)[5]
- Archos 7 (Android Tablet 7 Zoll Display mit resistivem Touchscreen)
- Toshiba Journ.E (Windows CE Tablet mit resistivem 7 Zoll Touchscreen)

---

[2]http://www.heise.de/newsticker/meldung/Hannspree-zeigt-10-Zoll-Tablet-mit-Android-1069306.html (zuletzt abgerufen am 30.8.2010)

[3]http://www.taz.de/1/netz/computer/artikel/1/der-traum-vom-ipad-killer/ (zuletzt abgerufen am 22.8.2010)

[4]http://www.chip.de/news/Praxistest-1-1-SmartPad-Das-Anti-iPad_43600693.html (zuletzt abgerufen am 22.8.2010)), http://www.heise.de/mobil/meldung/1-1-laesst-SmartPad-auslaufen-1068272.html (zuletzt abgerufen am 30.8.2010)

[5]http://www.heise.de/mobil/artikel/Kompakte-Tablets-mit-Android-und-Windows-CE-1047885.html (zuletzt abgerufen am 22.8.2010)

Nachwort der Autoren

Danksagung

Dieses Buch wäre nicht ohne die unermüdliche Mithilfe vieler Mitstreiter möglich gewesen. Die Autoren möchten sich dafür herzlich bedanken.

Dr. Dirk Taubner (Vorstand msg systems ag), der nicht nur an dieses Buchprojekt geglaubt hat, sondern uns an vielen Stellen – nicht zuletzt beim Feinschliff – tatkräftig geholfen hat.

Martin Ober (Geschäftsbereichsleiter Automotive, msg systems ag), der die Innovation „iPad im Unternehmenseinsatz" von Anfang an aktiv unterstützt hat.

Markus Eisele (Oracle ACE Director, Software Architekt bei msg systems ag) für die konstruktiven Diskussionen und die vielen guten Tipps.

Des Weiteren gilt unser Dank unseren Reviewern, die uns mit vielen guten Hinweisen geholfen haben: Bernd Ivenz, Bernd Schlüter, Eileen Hörtreiter, Rainer Singvogel und unserer Lektorin Andrea Huber (www.textwerkstatt-huber.de) sowie den Kollegen aus der iPad-Taskforce: Joachim Frank und Frank Meyer.

Last but not least ein großer Dank an unsere Familien, die von der ohnehin begrenzten Zeit etwas abgeknapst haben, um uns dieses Buchprojekt zu ermöglichen. Vielen Dank Alina, Eileen, Lena Marie, Manuel, Nicole und Sandra!

Aktualität

Es ist immer schwierig, ein Buch über ein hochaktuelles Thema zu verfassen: Die Welt dreht sich weiter, noch während man schreibt. Im Sicherheitskapitel dieses Buches stand einmal: „Derzeit ist kein Angriff auf das iPhone oder das iPad über das Netzwerk bekannt". Seit dem 1.8.2010 stimmt diese Aussage nicht mehr. Während viele Überlegungen und Konzepte in diesem Buch sicherlich für die nächsten Jahre

F. Oelmaier et al., *Apple's iPad im Enterprise-Einsatz*, Xpert.press, DOI 10.1007/978-3-642-15437-9, © Springer-Verlag Berlin Heidelberg 2011

Geltung haben werden, bitten wir den Leser bei anderen Aussagen zu bedenken, dass die Texte dieser Buchauflage zum 31.8.2010 finalisiert wurden. Neuere
Entwicklungen wie das Erscheinen des iOS 4.0 für das iPad (angekündigt für Ende
des Jahres) konnten in dieser Auflage leider nicht berücksichtigt werden.

*Anything invented before your fifteenth birthday is the order of nature. That's how it should
be. Anything invented between your 15th and 35th birthday is new and exciting, and you
might get a career there. Anything invented after that day, however, is against nature and
should be prohibited.* (Douglas Adams)

Literatur

Lee Barney: Developing Hybrid Applications for the iPhone: Using HTML, CSS, and Javascript to Build Dynamic Apps for the iPhone (Developer's Library). Addison-Wesley Longman, Amsterdam; Auflage: 1 (22. Juni 2009).

Ed Burns, Neil Griffin: JavaServer Faces 2.0. The Complete Reference. Mcgraw-Hill Professional; Auflage: 1 (1. Februar 2010).

Martin Marinschek, Michael Kurz, Gerald Müllan: JavaServer Faces 2.0: Grundlagen und erweiterte Konzepte. dpunkt Verlag; Auflage: 2., voll. überarb. Aufl. (1. November 2009).

Ralph Steyer: jQuery: Das neue JavaScript-Framework für interaktives Design. Addison-Wesley, München; Auflage: 1 (29. Oktober 2009).

Peter Kröner: HTML5. Webseiten innovativ und zukunftssicher. Open Source Press; Auflage: 1 (24. Mai 2010).

Ralph Brugger: Der IT Business Case. Springer, Berlin; Auflage: 2., korr. u. erw. Aufl. (März 2009)

Anhang: Neuerungen in HTML5 und CSS3

HTML5 bringt viele neue Elemente und Konzepte mit sich. Diese beschränken sich nicht allein auf das eigentliche HTML, sondern umfassen auch Javascript-Erweiterungen und CSS3-Änderungen. HTML5 und CSS3 sind an dieser Stelle zwar unabhängige Spezifikationen, jedoch entfalten beide nur in Kombination miteinander ihr wahres Potenzial.

Um einen ersten Überblick über die Liste der Neuerungen zu bekommen, steigt man am besten bei den Browserseiten ein, die den Browser auf Kompatibilität mit HTML5 prüfen. Bei diesen Seiten werden verschiedenste HTML5-, CSS3- und Javascript-Funktionen getestet und bewertet. Folgende Seiten geben beispielsweise diesen Überblick über die neuen Funktionen von HTML und Co:

- http://caniuse.com/
- http://www.texaswebdevelopers.com/html5/
- http://www.html5test.com/

Eine genauere Übersicht der heute bekannten Umfänge der neuen Spezifikationen bekommt man üblicherweise direkt beim World Wide Web Consortium (W3C):

- http://www.w3.org/TR/html5/
- http://www.w3.org/TR/#tr_CSS
- http://www.w3.org/TR/#tr_Javascript_Interfaces

Die Spezifikationen für CSS und Javascript unterteilen sich bei den angegebenen Verweisen dann weiter in viele einzelne Themen. Dies macht es relativ schwierig, einen vollständigen Überblick über die tatsächlichen Umfänge dieser Elemente zu bekommen. Man muss viel Geduld und eine gute Übersicht haben, wenn man hier mehr Informationen erhalten möchte. Anbei findet sich eine – zum Zeitpunkt der Publikation dieses Buches vermutlich nicht mehr aktuelle – Liste der Neuerungen:

- Neue HTML-Elemente
  section, article, aside, hgroup, header, footer, nav, figure, figcaption, video, audio, embed, mark, progress, meter, time, ruby, canvas, command, details, datalist, keygen, output

- Neue Typen für Input-Felder
  tel, search, url, email, datetime, date, month, week, time, datetime-local, number, range, color
- Neue Element-Attribute
  - `<a>`: media, ping
  - `<area>`: media, ping, hreflang, rel
  - `<base>`: target
  - `<meta>`: charset
  - `<input>`: autofocus, placeholder, form, required, list, autocomplete, min, max, multiple, pattern, step, formaction, formenctype, formmethod, formnovalidate, formtarget
  - `<select>`: autofocus, form
  - `<textarea>`: autofocus, placeholder, form, required
  - `<button>`: autofocus, form, formaction, formenctype, formmethod, formnovalidate, formtarget
  - `<output>`: form
  - `<fieldset>`: form, disabled
  - `<form>`: novalidate
  - `<menu>`: type, label
  - `<style>`: scoped
  - `<script>`: async
  - `<html>`: manifest
  - `<link>`: sizes
  - `<ol>`: reversed
  - `<iframe>`: sandbox, seamless, srcdoc
- Neue Events
  - Mouse events: ondrag, ondragend, ondragenter, ondragleave, ondragover, ondragstart, ondrop, onmousewheel, onscroll
  - Window events: onafterprint, onbeforeprint, onbeforeload, onerror, onhaschanged, onmessage, onoffline, ononline, . . .
  - Form events: onformchange, onforminput, oninput, oninvalid, . . .
  - Media events: onplay, onstop, onpause, . . .
- Globale Attribute alle Elemente
  - Ausgeweitet: class, dir, id, lang, style, tabindex, title
  - Neu: contenteditable, contextmenu, data-∗ (Prefix für eigene Attribute), draggable, hidden, role, spellcheck
- Entfernte Elemente
  basefont, big, center, font, s, strike, tt, u (werden nun über CSS gehandhabt), frame, frameset, noframes, acronym, applet, isindex, dir (wegen negativer Usability)
- Überarbeitung Javascript API
  - Web Worker: ermöglichen parallele JS-Verarbeitung, ohne die UI zu blockieren

- o GeoLocation: Zugriff auf Browser-Location (navigator.geolocation)
- o Video/Audio: manipulation, dynamische Erzeugung, eigene Bedienelemente (Controls)
- o Canvas: freie Zeichenoberflächen
- o Web Sockets: Bidirektionale Kommunikation zwischen Browser und WebServer
- Cascading Stylesheet
  - o Rahmen: border-color, border-image, border-radius, box-shadow
  - o Hintergründe: background-origin, background-clip, background-size, mehrere backgrounds
  - o Farben: HSL, HSLA, opacity, RGBA
  - o Texteffekte: text-shadow, text-overflow, word-wrap
  - o Animationen: Umrechnung von Attributveränderungen in flüssige Bewegungen
  - o Transitionen: z.B. 3D-Bewegungen
- Support von SVG und MathML

Wer nach all den Spezifikationen anschließend noch an Realisierungen interessiert ist, sollte einfach bei Google nach den Schlagworten „HTML5", „CSS3" und „Demo" oder „Tutorial" suchen. Wenn man noch gezieltere Suchparameter verwendet, findet man sehr schnell nützliche Internetseiten, auf denen bereits viel HTML5-Know-how zu finden ist.

Anhang: Die Autoren

Florian Oelmaier

Florian Oelmaier leitet das Fachgebiet IT-Sicherheit und Computerkriminalität bei der Firma Corporate Trust – Business Risk & Crisis Management GmbH. Seine Spezialgebiete sind aktuelle Angriffe auf Applikationen und Netzwerke, Sicherheitskonzeptionen in Softwareprojekten sowie ein sicherheitstechnisch und methodisch korrektes Vorgehen im Softwareentwicklungsprozess.

Während und nach Abschluss seines Informatikstudiums an der Friedrich-Alexander-Universität Nürnberg-Erlangen war Herr Oelmaier an der Entwicklung von Sicherheitstechnologien am Fraunhofer Institut für Integrierte Schaltungen beteiligt. 1998 wechselte er zu einer deutschen Großbank, wo er als Sicherheitsspezialist die Themen Firewall- und Virenschutzkonzeption verantwortete und als Experte für Smartcards, sowohl im internationalen Bankenverbund als auch intern, Projekte zum Aufbau von Zertifikatsinfrastrukturen begleitete.

Seit mehreren Jahren arbeitet Herr Oelmaier nun als Sicherheitsberater und hat in dieser Zeit mehr als 50 große IT-Projekte bei namhaften Unternehmen mit Sicherheitskonzeptionen, Entwurf von Sicherheitsarchitekturen sowie der Durchführung von Security Source Code Reviews und Penetrationstests unterstützt. Während seiner Zeit bei der msg systems ag hat er neben der Verantwortung für die Sicherheit von zahlreichen Entwicklungsprojekten auch diverse Krisenprojektleitungen übernommen. In der Corporate Trust arbeitet Herr Oelmaier nun neben der Konzeption von präventiven Maßnahmen an der Aufklärung von Fällen im Bereich der Computerkriminalität und anderen Straftaten mit.

Jochen Hörtreiter

Jochen Hörtreiter leitet das Center of Competence *Enterprise Java* bei der Firma msg systems ag. Seine Spezialgebiete sind die Themen Web User Interface und Software Engineering in großen Individualsoftwareprojekten.

Nach der Ausbildung zum Datenverarbeitungskaufmann begann er 1998 seine Arbeit bei der msg systems ag und übernahm die Teilprojektleitung und Weiterentwicklung eines in Smalltalk realisierten Produkts für die Automobil-Branche. Seit 2000 beschäftigt sich Herr Hörtreiter mit Web-Technologien auf Basis der Java-Plattform und entwickelte unter anderem ein Security Framework für einen namhaften deutschen Automobilhersteller.

In der branchenübergreifenden Forschungs- und Entwicklungsabteilung *msg Applied Technology Research* ist Herr Hörtreiter seit einigen Jahren als Experte für die Entwicklung von grafischen User Interfaces tätig. In dieser Zeit hat er alle nennenswerten Frameworks und Konzepte, von Swing und Flash/Flex bis hin zu Struts und Java Server Faces 2.0, analysiert und im Projekteinsatz angewandt. Aktuelle Schwerpunkte seiner Arbeit sind Javascript-Komponentenbibliotheken und der neue HTML5-Standard.

Herr Hörtreiter ist im Zuge seiner Tätigkeit immer wieder als technischer Chefdesigner, Chefarchitekt und Entwicklungsleiter in großen Projekten im Einsatz.

Andreas Seitz

Andreas Seitz arbeitet als IPMA-zertifizierter Lead Project Manager bei der msg systems ag im Geschäftsbereich Automotive. Der Schwerpunkt seiner Arbeit liegt in der Leitung von Großprojekten mit Nearshore-Anteilen. Aktuell führt Herr Seitz ein Team von über 40 Fach- und IT-Experten zur Unterstützung von Vorserienprozessen bei einem deutschen Automobilhersteller.

Nach seiner Ausbildung zum Industrieelektroniker bei der AUDI AG hat er die Weiterbildung zum staatlich geprüften Elektrotechniker mit Schwerpunkt Datenverarbeitungstechnik absolviert und diese mit Auszeichnung abgeschlossen. In einem mittelständischen IT-Unternehmen implementierte er in der Folge diverse Anwendungen in Java und C++ für Kunden aus der Automobil- und Telekommunikationsindustrie in ganz Deutschland.

2001 wechselte Herr Seitz zur msg systems ag und übernahm dort zunächst Aufgaben in der fachlichen und technischen Konzeption von Web-Anwendungen. Über die Teilprojektleitung hin zur Projektleitung von mittleren und großen Projekten entwickelte er sich zum Projektmanager.

Die Spezialgebiete von Herrn Seitz sind die Steuerung von Anforderungen in komplexen Enterprise-Umgebungen mit mehreren Fachabteilungen und der Aufbau von ITIL-konformen Wartungsstrukturen für Softwareprojekte.

Printing and Binding: Stürtz GmbH, Würzburg